Iris Anna Otto wurde 1953 in Herne geboren und studierte in Marburg Religionswissenschaft, Altorientalistik und Neuere Deutsche Literatur.

Sie arbeitete einige Jahre in verschiedenen Bereichen, bis sie Lektorin in einem Sachbuchverlag wurde. Dort blieb sie bis 1987, um sich dann ganz dem Schreiben zu widmen.

Es entstanden vor allem Satiren und Erzählungen für Erwachsene, aber auch Rundfunkbeiträge. 1994 erschien ihr Buch ›Salute, Amore, Pesetas‹. ›Tango für die Mäuse‹ ist ihr erstes Buch für Kinder, das auch schon als Hörspiel gesendet wurde.

Für ihre Satiren erhielt Iris Anna Otto 1991 den Georg-Christoph-Lichtenberg-Preis. Ein Jahr später wurde ihr der Förderpreis Junge Literatur der Stadt Herne zuerkannt.

»Meine Geschichten haben oft ein Eigenleben, ich kenne meist nur den Anfang, und dann kippen sie ins Absurde oder Surrealistische ab. Einmal ließ ich einen meiner Helden sechs Wochen in der Badewanne sitzen. Der saß da und erinnerte sich acht Seiten lang an früher. Ich hatte schon Mitleid mit ihm. Für mich ist Sprache ein phantastisches Spielzeug, ich weiß kein besseres.«

Edda Skibbe, 1965 in Hamburg geboren, studierte an der dortigen Fachhochschule für Gestaltung Illustration. Seit 1992 illustriert sie für verschiedene Verlage Kinderbücher und wurde 1993 auf der Kinderbuchmesse in Bologna mit dem Unicef-Preis als eine »Illustratorin des Jahres« ausgezeichnet.

Ihr erstes Bilderbuch für Kinder erschien 1994 in Taiwan. Edda Skibbe lebt in Hamburg, wo sie mit mehreren Illustratoren in einem Gemeinschaftsatelier arbeitet.

Tango für die Mäuse. Marie haßt diese langweiligen Sonntage, an denen sie immer Geschirr spülen muß. An so einem Sonntag beobachtet Marie, wie der Nachbarshund einen alten Kater anfällt und verletzt. Marie rettet ihn und quartiert ihn kurzerhand in der Gartenlaube ein. Da fängt er plötzlich an zu sprechen und die sonderbarsten Geschichten zu erzählen. Zum Beispiel von der Perserkatze Lilalü, die den Mäusen das Tangotanzen beibringt.

Iris Anna Otto

Tango für die Mäuse

Mit Bildern von
Edda Skibbe

Fischer Taschenbuch Verlag

Fischer Schatzinsel
Herausgegeben von Klaus Humann

Originalausgabe
Veröffentlicht im Fischer Taschenbuch Verlag GmbH,
Frankfurt am Main, März 1996

Druck und Bindung: Clausen & Bosse, Leck
Printed in Germany
ISBN 3-596-80164-8

Gedruckt auf chlor- und säurefreiem Papier

1. Kapitel

Grauer Sonntag mit Tigerstreifen und Erdbeertorte

Sonntags ist es immer so langweilig. Papa liegt bis zum Mittagessen im Bett und liest. Mama ist in der Küche und kocht. Draußen ist auch nichts los. Auf der Straße ist kein Rollschuhläufer, kein Skateboardfahrer zu sehen. Niemand riskiert einen Sprung über die Pfützen, die regungslos auf den Bürgersteigen liegen. Bloß die alte Frau Münkelmeier kommt mit Stock und Hut von der Kirche nach Hause geschlichen.

Mit einem Filzstift male ich den Damen aus Mamas Versandhauskatalog Schnurrbärte unter die Nasen. Damen finde ich ätzend. Besonders, wenn sie schwarze Spitzenunterwäsche tragen und grüne Bärte im Gesicht haben. Ob ich sie noch mit ein paar Pickeln schmücken soll? Geht leider nicht. Pickel sind rot, und den roten Stift habe ich an Melanie ausgeliehen. Also male ich grüngezackte Dinosaurierschwänze an die Damenhinterteile.

Mir ist langweilig.

Wenn ich es schaffe, mit geschlossenen Augen von meinem Zimmer in die Küche zu tapsen, passiert heute noch etwas. Ich muß nur aufpassen, daß ich nicht gegen die alte Blechkanne im Flur stoße, in der Mama Regenschirme sammelt. Sogar solche, die man gar nicht mehr gebrauchen kann.

Wenn ich es schaffe, mit geschlossenen Augen ... ach, was! Letzten Sonntag hat das gleich zweimal geklappt. Simsalabim! Nichts! Keine Tauben, keine Kaninchen und keine fliegenden Fische mit goldenen Flossen in der Wohnung. Bloß Langeweile, lauter graue Langeweile!

Mama ruft mich zum Mittagessen. Wovon soll ich sonntags eigentlich Hunger aufs Mittagessen haben? Nach dem Essen muß Mama sich vom Kochen ausruhen. Papa liegt jetzt nicht mehr im Bett, sondern auf dem Sofa und guckt Glotze. Ich muß in die Küche, aufräumen und abwaschen. Da höre ich das Ticken der Uhr schräg über dem

Herd und das leichte Klirren, wenn der Kanarienvogel im Käfig auf dem Küchenschrank von einer Metallstange zur anderen wechselt.

Ich lasse heißes Wasser ins Spülbecken laufen, trete auf den Fußhebel des Mülleimers und schiebe mit der Gabel Essensreste über die Tellerränder. Ich trage die herumstehenden Töpfe und Schüsseln zusammen, sammele die Dosen mit den Gewürzen ein, die Mama beim Kochen benutzt hat. Pfeffer, Salz und Thymian haben ihren Stammplatz im Regal. Ordnung ist das halbe Leben, sagt Mama immer. Kein Mensch käme mehr an sein Ziel, wenn die Eisenbahnen nicht auf Schienen fahren würden, ist Papas Meinung.

Ich würde gerne mal in einen Zug steigen, irgendwohin rattern und mich beim Aussteigen wundern. Liliput, Schlaraffenland, Entenhausen, überall könnte man ankommen, wenn die Züge nicht nur von Darmstadt nach Frankfurt oder von Heidelberg nach Darmstadt rollen würden.

Sonntage sind bloß was für Trantüten und trübe Tassen! Was habe ich hier in der Küche verloren, ich, Marie aus Metusaladonien? Aus dem Land, in das keine Eisenbahnschienen führen! Wo man sich an Sonntagen selbst im Sommer Schneeballschlachten liefert und zum Mittagessen bloß ein Vanilleeis aus dem Hörnchen schleckt. Kein Mensch käme in Metusaladonien auf die Idee, sonntags Geschirr abzuwaschen!

Manchmal, wenn ich sonntags nach dem Mittagessen in der Küche stehe, denke ich, ich träume bloß. Eine andere Marie häuft schmutziges Besteck neben einem Stapel fettiger Teller auf. Ich aber, Marie aus Metusaladonien, sehe zu, mache Grimassen und strecke die Zunge heraus. Ein Arm der anderen Marie bewegt sich, eine Hand greift nach einer Gabel. Filmarme, Filmhände.

Höllenlärm von draußen. Es ist Leo, der Hund von Hasselmanns. Er kläfft und kläfft und will überhaupt nicht mehr aufhören. Na, wenigstens passiert jetzt etwas. Ich renne ans Küchenfenster. Was hat er denn? Ich reiße das Fenster auf.

»Halt deine blöde Schnauze, Leo!« rufe ich. Dabei habe ich gar nichts gegen den Krach, den Leo macht. Ich will selber Krach machen.

Leo bellt noch lauter. Wütend springt er gegen den Zaun unseres Vorgartens. Und jetzt sehe ich die Katze auf dem wackelnden Zaun. Sie kann sich nicht halten und fällt dem Leo vor die Füße. Der stürzt sich über sie. Die Katze schreit und faucht, Leo knurrt und kläfft, und mein Herz trommelt bis in die Ohren.

»Hau ab, Leo! Laß die Katze in Ruhe!« brülle ich.

Dann bin ich

schon auf der Treppe. Als die Haustür hinter mir zuschlägt, steht die Getigerte wieder auf dem Zaun, Leo tobt, und Herr Hasselmann kommt angeschnauft, in Hemd und Hosenträgern.

»Aus, Leo! Pfui!« blafft er.

Aber Leo hört nicht auf. Immerzu springt er gegen den Zaun.

»Nehmen Sie Ihren Köter da weg!« schreie ich Herrn Hasselmann an. »Der bringt sie noch um, die arme Katze!«

Herr Hasselmann erwischt Leo am Halsband und versucht, ihn wegzuzerren. Ganz rot ist er im Gesicht und schimpft und schimpft. Leo reißt sich los, springt hoch und bekommt die Katze gerade noch an einer Vorderpfote zu fassen. Sie kreischt. Herr Hasselmann zerrt Leo zurück, und nun springt die Katze vom Zaun in unseren Vorgarten. Taumelig ist sie, ein Vorderbein blutet.

Mir steigen die Tränen hoch. »Sie blutet«, rufe ich, »das hat Ihr Hund gemacht!«

Aber Herr Hasselmann kümmert sich nicht darum. Er hat seinen Leo gepackt und schleppt ihn ab über die Straße. Die Katze dreht die Augen nach ganz oben und macht ein Häufchen, dann fällt sie auf die Seite. Gleich stirbt sie, denke ich, gleich wird sie sterben.

Ich klingele Sturm an unserer Haustür. »Schnell«, bettele ich, »schnell, ihr müßt ganz schnell kommen und helfen.« Aber es dauert eine Ewigkeit, bis Mama da ist. »Sie stirbt«, heule ich, »sie liegt da draußen und stirbt.« Ich packe Mamas Hand und ziehe sie zum Zaun. Aus dem Maul der Katze tropft Speichel.

»Das arme Tier«, sagt Mama.

»Das ist doch bloß eine uralte, räudige Katze«, sagt Papa, der plötzlich hinter uns steht.

»Sie blutet«, schreie ich, »wir müssen sie zum Tierarzt bringen!«

»Am Sonntag zum Tierarzt?« fragt Papa.

»Aber die gehört uns doch gar nicht«, murmelt Mama.

»So wie die aussieht, gehört die niemandem, die ist ja völlig verwahrlost«, sagt Papa. Es gefällt mir nicht, wie er das sagt.

Ich laufe ins Haus, in die Waschküche, schnappe mir den Wäschekorb und eine Wolldecke, die bei der Schmutzwäsche liegt.

Mama und Papa stehen immer noch vor der Katze herum.

»Selbst, wenn es einen tierärztlichen Notdienst gibt«, höre ich Papas Stimme, »wer soll das denn bezahlen? Die machen das nicht aus Nächstenliebe.«

Ich lege die Wolldecke in den Wäschekorb und knie mich neben die Katze.

»Willst du sie etwa da hineinlegen?« fragt Mama. »Das Tier ist total verdreckt.«

»Mir doch egal!« Tränen laufen mir beide Backen herunter. »Ich bringe sie zum Tierarzt.« Die Katze wehrt sich nicht, als ich sie in den Korb bette. Den Korb fest an mich gedrückt, marschiere ich zum Gartentor.

»Wo willst du denn hin?« ruft Papa.

»Weißt du doch.«

»Warte!« Papa läuft ins Haus.

Hat er es sich plötzlich anders überlegt? Ich setze den Wäschekorb mit der Katze ab und knie mich daneben.

»Das war der Leo von Hasselmanns«, erkläre ich Mama, »die sind einfach verduftet.«

»Verduftet?« Mama streichelt meinen Kopf.

»Leo und Herr Hasselmann sind verduftet. Abgehauen! Ist denen doch egal, was aus der Katze wird.« Ich schniefe. »Und euch ja auch!«

Mama atmet schwer aus. »Nein, nein«, sagt sie und legt ihre Arme um mich. Sie drückt mich fest an sich und gibt mir einen Kuß auf die nasse Backe. »Wir kümmern uns um die Katze.«

»Könnt ihr von meinem Taschengeld abziehen, was der Tierarzt kostet«, sage ich, »Hasselmanns zahlen das bestimmt nicht.«

»Ist schon gut, Marie, ist schon gut«, tröstet Mama mich, »mach dir keine Sorgen.«

Papa kommt, die Autoschlüssel in der Hand. »Alles klar«, zwinkert er mir zu, »wir können zu Doktor Bach kommen, Goethestraße 23.«

Doktor Bach guckt schon aus dem Fenster, als wir mit dem Auto vorfahren. Er winkt herüber, wir sollen in seine Garage kommen. Hier ist nämlich nicht seine Tierarztpraxis, hier wohnt er.

»Tut uns leid, daß wir Sie am Sonntag stören müssen«, sagt Papa, der den Wäschekorb mit der Katze hineinträgt, »ein Notfall.«

»Ein ganz nötiger Notfall!« rufe ich. »Der Leo von Hasselmanns ist schuld daran! Und dann ist die Katze vom Zaun gefallen und hat ein Häufchen gemacht und die Augen verdreht, und ihr Bein blutet, und im Auto hat sie gehustet!«

Doktor Bach nimmt Papa den Korb ab. Wie ein Doktor sieht er gar nicht aus, mit der gestreiften Latzhose. Papa solle ihm die Tasche aus dem Kofferraum seines Autos reichen, sagt er. Und daß diese Katze ein Kater sei, ein alter Kämpfer mit vernarbten Ohren, der kaum noch einen Zahn im Maul habe.

»Nicht kastriert und nicht tätowiert«, sagt der Tierarzt, »voller Flöhe.«

»Er gehört nicht uns.« Mama scheint sich wegen der Flöhe zu schämen.

»Er hat sich mit einem Hund angelegt. Vor unserem Haus«, erzählt Papa.

»Sein Vorderbein blutet«, rufe ich.

»Nicht so schlimm«, antwortet der Arzt und hört die Lungen des Katers ab. »Auch okay. Nur über den Bauchraum kann ich nichts sagen. Das muß man abwarten. Ich spritze jetzt Antibiotika und was gegen den Schock. Heute geben Sie ihm nichts mehr zu fressen. Wenn Sie andere Tiere haben, halten Sie ihn ein bißchen weg von denen. Er braucht jetzt Ruhe. Und wenn er sich erholt hat, lassen Sie ihn laufen. Dieser Kater sieht so aus, als sei er gewohnt, für sich selber zu sorgen.«

Zu Hause will ich den Kater mit in die Wohnung nehmen, aber Mama ist dagegen. »Bei aller Liebe«, bestimmt sie, »mit den vielen Flöhen kommt mir der Kater nicht ins Haus. In der Gartenlaube stört ihn keiner, da ist er prima aufgehoben.«

»Aber wenn er Hilfe braucht, ist keiner da«, maule ich.

»Er hat gerade alle Hilfe bekommen, die notwendig war. Ende der Diskussion«, erklärt Papa. Er nimmt mir den Wäschekorb mit dem Kater ab und geht zur Gartenlaube. Ich will ihm nachlaufen. Doch Mama hält mich zurück.

»Jetzt machst du erst mal den Abwasch in der Küche fertig«, sagt sie. »Danach kannst du dem Kater ein Schälchen Wasser bringen.«

Endlich! Endlich bin ich fertig mit den blöden Tellern, den doofen Gläsern, den Ätzgabeln, Kacklöffeln und Furzmessern! Die Kristallschüssel, in der die Sahne für unseren Sonntagsnachtisch war, stelle ich nicht mehr in den Schrank. Ich fülle sie mit Wasser, und nichts wie raus aus der Küche, raus aus dem Haus, ab in die Gartenlaube zum alten, kranken Katerchen!

Vorsichtig, ganz leise, schleiche ich mich in die Gartenlaube. »Hallo«, flüstere ich, »ich bin's, ich bring dir Wasser.«

Der Kater liegt noch immer im Wäschekorb. Er hebt den Kopf und schaut mich müde an.

»Geht's dir besser?« frage ich. Ich stelle die Sahneschüssel, die jetzt eine Wasserschüssel ist, neben den Korb und setze mich in den alten Liegestuhl von Opa. Der Kater legt den Kopf wieder auf seine Pfoten.

»Tut mir leid, was dir da mit dem Leo passiert ist«, sage ich. »Der Leo ist eigentlich gar nicht böse. Manchmal spinnt er eben. Vielleicht war's ihm auch so langweilig wie mir. Sonntage sind das Stinklangweiligste, was es auf der Welt gibt. Bis vor kurzem durfte ich sonntags nicht einmal Hosen anziehen. Mach mir die Freude, Marie, und sei wenigstens am Sonntag mal etwas damenhaft, hieß es immerzu. Damenhaft sein ist ätzend!«

Ich ziehe die Knie ans Kinn und bohre in der Nase. In der Nase herumzubohren ist auch nicht gerade damenhaft. »In Metusaladonien bohren alle in der Nase«, erzähle ich dem Kater, »in Metusaladonien gibt es keine Damen.«

Wenn man die Augen schließt, ist es erst richtig schön, in der Nase zu bohren. Man guckt gemütlich nach innen, und da laufen Traumfilme, für die man keinen Pfennig Eintritt zahlen muß. Schon sitze ich in einem Zug, der fliegen kann.

»Keine Haltestelle mehr bis Metusaladonien«, sagt eine freundliche Stimme aus dem Lautsprecher: »Vanilleeis, Spaghetti und Marzipankartoffeln werden allen Mitreisenden gleich im Abteil serviert.«

»Für mich bitte Mäusedarm mit einem Klacks Nougat«, sagt der Kater.

»Nougat ist alle«, antwortet die Lautsprecherstimme. »Darf es vielleicht Ketchup zum Mäusedarm sein?«

Ich reiße die Augen auf: »Du kannst sprechen?« Der Kater hustet ein bißchen. »Warum denn nicht?« sagt er dann, »ist das etwa nicht katzenhaft?«

»Vorhin hast du doch auch nichts gesagt«, wende ich ein, »nicht, als der Leo gegen den Zaun gesprungen ist, und beim Tierarzt auch nicht!«

»Die Kehle hab ich mir aus dem Leib geschrien! Ist es meine Schuld, wenn die anderen taub sind?« Der Kater leckt sein verwundetes Bein.

»Natürlich nicht«, sage ich, »aber warum verstehe ich dich jetzt? Und warum habe ich dich vorhin nicht verstanden?«

»Hast du doch.« Der alte Kater sieht mich an. »Du hast es nur nicht gewußt.«

»Du meinst, man kann etwas können, aber man weiß nicht, daß man es kann?« frage ich.

Keine Antwort.

»Na, komm schon, jetzt, wo du damit angefangen hast, kannst du auch weiterquasseln.«

Er hebt den Kopf und blinzelt.

»Ich muß jetzt gehen«, sage ich, »schade. Aber heute abend, wenn wir zurück sind von Tante Emmi, reden wir weiter.«

Besuche bei Tante Emmi sind der Gipfel des Sonntaglangeweilprogramms. Jeden Sonntagnachmittag besuchen wir Tante Emmi. Sie sitzt wie immer im schwarzen Kleid am Wohnzimmertisch und zupft an den Fransen der Tischdecke, die immer auf diesem Tisch liegt.

Obwohl Mama zu Tante Emmis letztem Geburtstag eine »83« aus Buttercreme auf die Torte gespritzt hat, denke ich manchmal, daß sie in Wirklichkeit schon hundertdreiundachtzig Jahre alt ist und seit mindestens hundert Jahren so an ihrem Wohnzimmertisch sitzt: den Kopf nach vorne gestreckt wie eine Schildkröte, die unter ihrem Panzer hervorschaut.

Schildkröten werden auch uralt. Einmal habe ich Papa gefragt, ob es nicht sein könnte, daß Tante Emmi eine verwunschene Schildkröte ist. »Quatsch«, hat er geantwortet, »Tante Emmi ist die älteste Schwester von deiner Oma, die einzige, die noch lebt aus der Generation. Und sie hat hübsch was auf der Kante.«

Ich weiß nicht, was Tante Emmi »auf der Kante« hat. Mama hat Papa in die Seite geknufft. Da habe ich nichts mehr aus ihm rausgekriegt.

Daß wir noch von ihrer Erdbeertorte essen sollen, drängt uns Tante Emmi: »Was haben wir uns früher gefreut, wenn es Erdbeertorte gab! Iß, mein Kind, iß nur tüchtig. Kleine Leute müssen wachsen!«

Sie legt mir noch ein Stück Kuchen auf den Teller. So ein Mist! Ich kann Erdbeertorte nicht ausstehen! Erdbeeren sind rot und matschig. Außerdem platze ich gleich!

»Mag nicht mehr.« Ich schiebe den Teller von mir weg.

Tante Emmi schiebt ihn wieder zurück: »Brave Kinder essen, was auf den Tisch kommt.«

»Und werden so fett wie die Claudia aus meiner Klasse.« Ich rümpfe die Nase, und obwohl es gar nicht meine Absicht ist, rutscht mir die Zunge raus, ganz lang. Dabei schielen meine Augen ein bißchen.

Mama sieht mich strafend an, Tante Emmi kriegt rote Flecken am Hals. »Früher...«, sagt sie beleidigt. Es interessiert mich überhaupt nicht, was früher war. »Früher«, sagt Tante Emmi, »früher haben sich junge Damen anders benommen.«

Jetzt steckt mein Zeigefinger in der Nase, das hat sie davon! Bloß, weil die jungen Damen das früher auch nicht gemacht haben. »Damen sind voll ätzend!« rufe ich und bohre noch heftiger in der Nase.

»Mein liebes Fräulein«, sagt Papa so, daß ich weiß, im Moment hat er mich bestimmt nicht lieb.

»Mußt du dich aufführen wie ein Gassenjunge?« fragt Mama so, daß es keine Frage ist.

Wenn ich es schaffe, die Luft anzuhalten und bis fünfundzwanzig zu zählen, sind vielleicht alle wieder nett zu mir. Ich hole tief Luft, schließe die Augen und halte mir die Ohren zu. Bis drei komme ich nur. Da werden mir die Hände von den Ohren gerissen.

»Jetzt reicht's«, sagt Papa scharf.

Alle sind sauer auf mich. Aber leider nicht so sauer, daß ich später nicht doch noch singen muß. Singen für eine Mark, wie immer bei diesen Sonntagnachmittagsbesuchen. Als ich noch in den Kindergarten gegangen bin, hat mir das nichts ausgemacht. Papa hat mich auf einen Stuhl gehoben, und ich habe gesungen: O du, mein Hampelmann, mein Hampelmann. Oder: Wir sind die sieben Hühner, und dies ist unser Hahn.

Dabei stand ich ganz allein auf dem Stuhl. Für solchen Kleinkinderkram bin ich inzwischen wirklich zu alt.

»Ist doch Taschengeld für dich«, sagt Papa, »na, sing mal schön. Für eine Mark kann man sich schon was kaufen.«

Ich knirsche mit den Zähnen, stelle mich hinter einen von Tante Emmis Uraltstühlen und singe dann: Die Gedanken sind frei! Wer kann sie erraten?

»Sei froh, daß du sonntags nicht zu Tante Emmi mußt!« erzähle ich dem Kater abends in der Gartenlaube: »Händchen geben und Vorsingen! Stell dir mal vor, ich würde das von den Erwachsenen verlangen. Aber, Tante Emmi, das ist doch nicht das feine Händchen. Welches ist denn dein feines Händchen? So ein Quatsch!«

Der Kater gähnt und streckt sich. Ich gucke meine Hände an und finde, daß sie beide gleich aussehen.

»Vorsingen auch noch«, sage ich. »Warum müssen Kinder immerzu vorsingen? Sogar, wenn ich extra falsch singe, lächelt Tante Emmi vor sich hin.

Vielleicht will sie ja, daß ich falsch singe. Weil sie sich dann über mich lustig machen kann. Immerhin gibt sie mir eine Mark dafür! Wenn ich Geld hätte! Dann würde ich den Spieß umdrehen. Nicht eine, fünf Mark würde ich ihr für einen rasanten Gummitwist bieten!«

Die Augen des Katers sind grün. Sein Blick geht an mir vorbei ins Leere. Ob er Tante Emmi Gummitwist tanzen sieht? Ich jedenfalls kann mir das prima vorstellen: Schildkrötengummitwist! Hoch die Beinchen! Zuerst das eine, dann das feine! So wie ich Tante Emmi im Geist hüpfen sehe, wackele ich mit den Ohren. Immer abwechselnd mit dem feinen und dem einen Öhrchen.

»Welches ist denn dein feines Öhrchen?« pruste ich los.

»So etwas Dummes«, murmelt der Kater, »so eine alberne Frage habe ich noch nie gehört.«

»Reingefallen«, lache ich. Und nach einer Weile: »Deine Augen sind auf alle Fälle schön.«

»Sie sind noch recht scharf«, antwortet der Kater, »auch in der Nacht, wenn die Mäuse auf den Feldern tanzen.«

»Volkstanz?« frage ich. »Oder Gummitwist?«

»Tango«, räuspert sich der Kater, »natürlich Tango. Mäuse tanzen immer Tango. Tangotanzen ist mäusehaft.«

»Tangotanzen ist was?!«

»Tangotanzen ist mäusehaft«, beharrt der Kater, »mäusehaft wie kinderhaft, wie menschenhaft, hühnerhaft oder damenhaft. Also eben mäusehaft.«

»Du bist ein Witzbold«, sage ich, »Käsefressen ist vielleicht mäusehaft. Aber in meinem ganzen Leben habe ich noch nie gehört, daß Tangotanzen mäusehaft ist!«

»Doch, doch«, behauptet der Kater. »Damals in Metusaladonien gab es dieses Gesetz, daß alle Mäuse in die Tanzschule gehen mußten, um Tangotanzen zu lernen. Ja, ja, es war die große Vorsitzende der Katzenpartei, die wollige Perserkatze Lilalü, sie hat das damals geschafft: Alle Mäuse ab in die Tanzschule, Tango lernen! Wer nicht den Tango tanzen kann, ist keine Maus. Das stand doch in allen Zeitungen!«

»So, so«, sage ich, »in allen Zeitungen hat es gestanden, nur nicht im Darmstädter Echo.«

»Metusaladonien«, flötet der Kater, »alle metusaladonischen Zeitungen haben darüber berichtet.«

Ich muß zugeben, daß Metusaladonien weit weg ist von Darmstadt. Außerdem muß ich ins Bett. Wenn ich nicht ins Haus gehe, wird gleich jemand kommen und mich holen. Dann muß ich mitgehen. Ich verabschiede mich lieber freiwillig: »Schlaf gut, morgen bringe ich dir was Feines zum Futtern.«

2. Kapitel

Tangomontag mit Knieverband und zwei Schüsseln Erdbeeren

Montag morgens habe ich normalerweise überhaupt keine Lust aufzustehen. Wenn den ganzen Sonntag lang außer Fernsehen und Tante Emmi wieder nichts war, hat man montags eingeschlafene Füße.

Anders sind die Montage, wenn man an einem stinklangweiligen Sonntag einen Sprechkater kennengelernt hat. Gleich nach dem Aufwachen, Mama und Papa schlafen noch, drängt es mich aus dem Bett, nichts wie raus hier, zuerst das eine, dann das feine Beinchen!

Im Nachthemd knie ich mich vor den geöffneten Kühlschrank. Käse ist nur was für Mäuse, Marmelade für den Toast und eingelegte Knoblauchzehen für Erwachsene. Was ist für einen alten Kater ohne Zähne? Ungarische Salami? Nein. Ich nehme die Klarsichtpackung, auf der Lachs steht. Was ich darin sehe, sieht aus wie Fisch. Den mag ich nicht. Aber Katzen essen gerne Fisch. Oder?

»Magst du Lachs?« rufe ich noch, als ich über die Stufen zur Gartenlaubentür und mein Nachthemd stolpere.

Autsch! Das tut vielleicht weh! Vor meinen Augen tanzen rote Blitze. Ich habe mir das linke Knie aufgeschlagen.

»Auuaah!«

Mama kommt in den Garten gelaufen, schleift ihren Bademantel hinter sich her, weil sie in der Eile nur für einen Arm einen Ärmel gefunden hat. Beinahe fällt sie auch noch. Aufgeregt setzt sie sich neben mich, legt den Rest ihres Bademantels um meine Schultern.

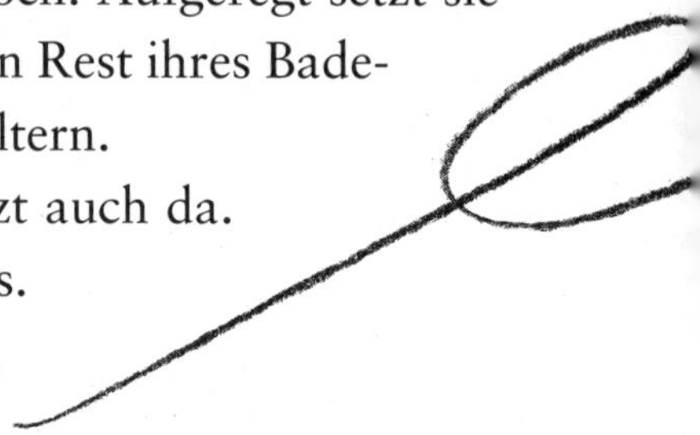

Ich heule, Papa ist jetzt auch da. Er trägt mich ins Haus. Hinter uns geht Mama, die Packung Lachs in der Hand. Ich heule noch viel lauter. Da ich so große Schmerzen habe, ist das mit dem gemopsten Lachs total unwichtig.

Mama rubbelt mit einem feuchten Lappen an meinem Knie herum, Papa sagt, daß er sich jetzt rasieren muß. Ich muß bestimmt sterben.

Mama behauptet, daß ich zur Schule muß. Sie will mich hinfahren. »Ausnahmsweise«, sagt sie zu mir, »weil du mit dem Knie ja nur humpeln kannst.«

»Mit dem Knie gehöre ich in die Gartenlaube, nicht in die Schule«, protestiere ich, »ich bin krank, ich brauche meine Ruhe!«

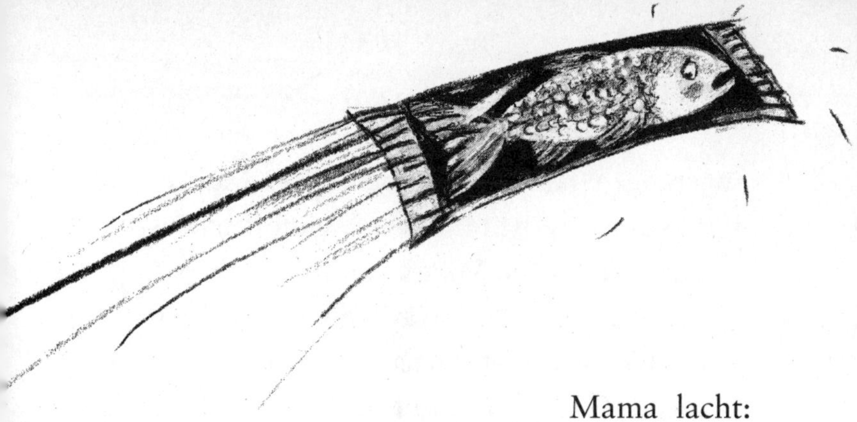

Mama lacht: »In der Gartenlaube bei dem alten Kater herumlümmeln und Lachs futtern, was? Das würde dir gefallen.«

»Ich esse doch keinen Lachs«, sage ich beleidigt.

»Ich weiß«, antwortet Mama. »Cola und Chips für dich, Lachs für den Kater.«

Ich werde trotz meines verletzten Knies zur Schule gefahren. Wenigstens verspricht Mama mir, nach dem Kater zu sehen. Der hat doch noch nicht gefrühstückt.

Alle aus der Klasse fragen, warum mein Knie verbunden ist.

»Darum!« sage ich zuerst.

»Warum?« wollen die anderen wissen.

»Eben darum!« Ich habe keine Lust, vom Kater

zu erzählen, der vom Gartenzaun gefallen ist, vom Tierarzt und davon, wie der Kater plötzlich angefangen hat zu sprechen. Von Mäusen, die Tangotanzen lernen müssen, weil ihnen sonst keiner glaubt, daß sie Mäuse sind.

Keiner aus der Klasse würde mir glauben, daß jedes Wort wahr ist. Die sagen ja sowieso immer, daß ich spinne. Seit Frau Kaufmann, unsere Klassenlehrerin, meinen Ferienaufsatz laut vorgelesen hat, sagen alle, daß ich spinne.

Alles, was ich in dem Aufsatz geschrieben habe, wäre gelogen, hat die dicke Claudia gebrüllt, sie wüßte genau, daß ich gar nicht verreist war. Und Benni, der mit seinen Eltern schon einmal in Kenia war, hat behauptet, daß es Metusaladonien gar nicht gibt, auf der ganzen Welt nicht. Bei den Schneidezähnen seines Goldhamsters wollte er schwören, daß ich Metusaladonien erfunden habe, um mich wichtig zu machen. Wenn das mit meinen Ferien in Metusaladonien stimmen würde, dann sollte ich der Klasse die Urlaubsfotos zeigen. Bloß weil er wieder einmal seine blöden Fotos aus Kenia zeigen wollte, hat er das gesagt!

Fotografieren ist in Metusaladonien verboten, habe ich erklärt, und die Klasse hat vor Lachen gewiehert.

In der großen Pause schenkt mir Melanie eines ihrer Frühstücksbrote. Die sind mit Nougatcreme bestrichen. Meine mit Leberwurst. Okay, ich werde ihr was erzählen, nicht alles, ein bißchen genügt. Ist ja auch nur das kleinere von ihren beiden Schokobroten.

»Also?« drängelt Melanie, während ich in das Brot beiße: »Was hast du gemacht mit dem Knie?«

»Mit vollem Mund spricht man nicht«, sage ich mit vollem Mund.

»Egal. Erzähl schon!«

Ich sage nur ein Wort: »Tango.«

Melanie guckt mich entgeistert an: »Tango?«

»Tango«, wiederhole ich geheimnisvoll.

Melanie starrt auf meinen Knieverband. »Tango? So ein Tanz für alte Leute?«

»Ich gehe jeden Sonntag in die Tanzschule«, erzähle ich, »sag das aber bitte nicht weiter, sonst wollen die Kinder hier womöglich noch mitgehen.« Verächtlich schweift mein Blick über den Schulhof. Gummitwist! Überall Gummitwist!

»In die Tanzschule gehen die Mädchen, wenn sie 'nen Busen kriegen.« Melanie ist mal wieder oberschlau: »Dafür sind wir noch zu jung!«

»Was du heute kannst besorgen, das verschiebe nicht auf morgen«, fällt mir ein Spruch von Tante Emmi ein. Und: »Hoch die Beinchen, erst das eine, dann das feine!« rufe ich der dicken Claudia zu, die wie ein Elefant auf den Gummibändern herumstampft, die um Elfis und Marions Beine gespannt sind. Claudia zeigt mir einen Vogel, Elfi kichert.

»Ohne Busen kommt man in keine Tanzschule rein.« Melanie läßt nicht locker.

»Ausnahmegenehmigung«, flüstere ich der Melanie ins Ohr, »später mal wirst du erleben, wie das ist, wenn man beim Tangotanzen ständig mit den Knien zusammenstößt. Ich kann dir was erzählen ...«

Die große Pause ist zu Ende. Ich mache das Bein mit dem schönen weißen Verband ganz steif und stakse umständlich Stufe für Stufe die Treppe zum Klassenzimmer hinauf. Eigentlich müßte ich einen Orden bekommen: Heldin der Tanzfläche!

Nach dem Unterricht holt Mama mich mit dem Auto ab. Gestützt von Melanie, die auch meine Tasche trägt, schaffe ich es, die Schule zu verlassen.

Mama grinst, als sie mir die Autotür öffnet. »Wollen wir sofort zum Krankenhaus fahren«, fragt sie, »oder erst nachdem du deinen Leidensgenossen besucht hast?«

Melanie sperrt den Mund auf: »Wie viele Verletzte gab es denn?«

»Keiner, der nicht auf dem Parkett lag!« rufe ich Melanie noch zu.

Unser Auto macht einen Hops und ein paar komische Geräusche.

»Die Schaltung, das Getriebe! Irgend etwas ist da nicht in Ordnung!« schimpft Mama. »Der Wagen hätte längst in eine Werkstatt gehört. Aber Papa meint ja, daß er alles selbst reparieren kann.«

»Tut er doch auch«, sage ich, »seit vier Wochen bastelt Papa jeden Samstag daran herum.«

Vor uns schleicht ein Mercedes. An Überholen ist nicht zu denken. Mama murmelt was von einer Pizza im Backofen.

Mit der Pizza ist nicht mehr viel los, als wir zu Hause eintreffen. Vom Käse sind nur noch schwarze Flecken zu sehen. Mama reißt das Küchenfenster auf.

»Ich geh mal schnell in die Gartenlaube«, sage ich.

»In zwanzig Minuten gibt's Spaghetti mit Tomatensauce«, ruft Mama mir hinterher.

In der Gartenlaube finde ich den kranken Kater im Liegestuhl von Opa. Der Kater streckt sich ein bißchen, als ich hereinkomme, er gähnt. Mama hat ihn versorgt. Sogar an ein Katzenklo hat sie gedacht. Eine mit Sand gefüllte Kiste steht in der Ecke. Rechts neben dem Liegestuhl sehe ich zwei Plastiknäpfe. Einer ist mit Wasser gefüllt, in dem anderen klebt ein Rest braunes Dosenfutter. Ich hocke mich vor den Liegestuhl.

»Hast du dich etwas erholt?« frage ich.

Der Kater blinzelt, leckt an einer Pfote, wäscht sich das Ohr.

Ich deute auf meinen Knieverband: »Mir geht es auch schon besser.«

»War ja ein furchtbares Geschrei heute morgen«, bemerkt der Kater, »direkt zum Davonlaufen.«

»Sag so was nicht! Lachs wollte ich dir aus dem Kühlschrank bringen, ganz feinen Fisch«, erkläre ich ihm: »Den hätten Mama und Papa nie für dich rausgerückt. Ich mußte mich beeilen, damit die beiden nichts davon mitkriegen. Zack! Da war es passiert. Blöde Treppenstufe!«

»Sehr unauffällig«, murmelt der Getigerte, »wenn ich mich so unauffällig benehmen würde wie du, ich hätte in meinem ganzen Leben nicht eine Maus gefangen.«

»Ha! Ha!« antworte ich: »Ist ja wohl auch nicht besonders schwer, Mäuse zu fangen, wenn die, statt aufzupassen, Tango tanzen!«

»Eben, eben«, antwortet der alte Kater, »Gesetze sind dafür da, daß sie das Zusammenleben erleichtern.«

»Das Katzenleben vielleicht!« Ich bin empört. »Und was ist mit dem Mäuseleben? Ist so ein Gesetz vielleicht mäusefreundlich?«

»Von Katzen gefressen zu werden ist mäusehaft«, behauptet der Kater, und Blitze zucken in seinen grünen Augen: »Also ist auch Tangotanzen

mäusehaft, weil Mäuse, die Tango tanzen, viel schneller dahin kommen, wo sie hingehören: in den Katzenmagen. Weise war sie, die große Vorsitzende Lilalü, sehr weise.«

»Eine Mäusefeindin war das!« widerspreche ich. »Dieses Gesetz ist ungerecht!«

»Ach was«, lacht der Kater und kratzt sich. »Wenn die Katze aus dem Haus ist, tanzen die Mäuse auf dem Tisch. Mäusemottenhumbahumba oder so was Ähnliches. Tanzen liegt ihnen im Blut, verstehst du? Da ist es vernünftig, daß sie gleich richtig tanzen lernen: rück, vor, Wiegeschritt und so weiter. Ohne uns Katzen hätten die Mäuse keine Kultur, einfach überhaupt keine Kultur.«

Während ich die Spaghetti um meine Gabel zu wickeln versuche, überlege ich, wie schwachsinnig es von mir war, der Melanie zu stecken, daß ich in der Tanzschule verunglückt bin. Ausgerechnet beim Tango! Bin ich etwa eine Maus?

»Schmier dir nicht das Gesicht mit Tomatensauce voll, sondern iß anständig«, sagt Mama.

»Der Verband muß runter, gleich nach dem Essen muß der doofe Verband runter«, bestimme ich.

»Und nimm den Ellenbogen vom Tisch. Wie oft muß ich noch sagen, daß man beim Essen den Kopf nicht mit der Hand stützt?« regt Mama sich auf.

»Mit so einem blöden Verband kann kein Mensch rennen«, motze ich: »Stell dir mal vor, da ist jemand hinter dir her, jemand, der dich fressen will! Und du kannst nicht wegrennen, bloß, weil dein Knie eingewickelt ist in einen saudummen Verband!«

Mama hat wohl nicht ihren besten Tag. »Erstens sagt man nicht saudumm«, antwortet sie, »zweitens will dich bestimmt keiner fressen, und drittens kann ich mich erinnern, daß ich vor einer knappen Stunde ein schwerverletztes Fräulein von der Schule abgeholt habe, das keinen Schritt mehr alleine laufen konnte.«

»Ich bin kein Fräulein«, sage ich, »kein Fräulein und auch keine Maus.«

»Wenn du kein Fräulein werden willst, dann wirst du mal eine graue Maus, mein Schatz«, sagt Mama und wischt mit ihrer Serviette in meinem Gesicht herum.

Ich schiebe Mamas Hand weg. »Nee, dann werde ich eine Katze mit Tigerstreifen!«

Mit den Hausaufgaben klappt es heute nicht richtig. In die Kästchen meines Rechenhefts mogeln sich Mäuse und Katzen statt Zahlen. Ich reiße die Seite aus dem Rechenheft und werfe sie in den Papierkorb zu meinem abgelegten Knieverband. Das Blut über den Schürfstellen ist verkrustet. Ob ich schon daran prokeln kann? Gerade, als ich es versuchen will, klingelt es. Mama drückt auf den Summer. Ich lausche, wer da kommt.

Melanie! Die hat mir gerade noch gefehlt! Sie steht mit einer Flasche Orangensaft in der Diele und will einen Krankenbesuch machen. Dabei bin ich nicht einmal operiert worden!

Mama führt Melanie in mein Zimmer. »Besuch für dich«, sagt sie, »mögt ihr Kakao?«

Melanie strahlt. Ich wünsche sie ins Pfefferland!

Mama streckt den Kopf noch einmal ins Zimmer: »Erdbeeren sind auch noch da. Wollt ihr Erdbeeren mit Schlagsahne?«

»Erdbeeren sind ätzend«, sage ich und gebe Melanie die Hand.

»Bei dir piept's wohl«, piept Melanie: »Erdbeeren sind echt super.«

»Ich mag aber keine«, antworte ich.

»Wieso nicht?« fragt Melanie und wartet gar nicht erst ab, daß ich ihr das mit den Erdbeeren erkläre. »Jeder mag Erdbeeren«, bestimmt sie, »du auch.«

»Ich kann Erdbeeren nicht ausstehen!«

Melanie zeigt auf mein Knie. »Du hast dich aber schnell erholt«, staunt sie.

»Ach, das da«, sage ich, »Kinderkram.«

Ich trinke den Orangensaft von Melanie. Sie hat ihre Portion Erdbeeren bereits verdrückt. Offenbar ist ihr davon nicht schlecht geworden. Denn jetzt löffelt sie auch noch meinen Anteil in sich hinein.

Was soll die Geheimniskrämerei? Ich erzähle Melanie, was wirklich passiert ist. Daß ich am Sonntag mittag in der Küche gespült habe, wie der Leo plötzlich so einen Radau gemacht hat, daß die Katze vom Gartenzaun in unseren Vorgarten gefallen ist, und wie sie dann auf einmal angefangen hat zu reden. Von der Perserkatze Lilalü berichte ich, die das Tangogesetz für Mäuse geschaffen hat, das in Wahrheit doch total mäusefeindlich ist.

»Nie und nimmer würde ich in eine Tango-Tanzschule gehen«, erkläre ich Melanie, »ich bin doch nicht blöd! Daß du mir das geglaubt hast...«, ich schüttele den Kopf: »Du glaubst wohl auch an den Osterhasen.«

»Selber Osterhase!« sagt Melanie, »gar nichts glaube ich dir! Alles erstunken und erlogen! Du spinnst!«

»Ich soll spinnen?« rufe ich. »Und wann habe ich mir das Knie aufgeschürft? Als ich dem Kater sein Frühstück bringen wollte! Drüben in der Gartenlaube ist er. Ich kann es dir beweisen.«

Melanie will es wissen. Sie ißt nicht einmal mehr die Erdbeeren auf. Sofort will sie in die Gartenlaube und meinen sprechenden Kater kennenlernen.

»Leise«, sage ich, als ich die Türklinke der Gartenlaube herunterdrücke, »er ist noch schwach und braucht seine Ruhe.«

Ich strecke den Kopf durch den Türspalt und ziehe ihn wieder zurück. »Er schläft«, flüstere ich, »vielleicht sollten wir doch nicht ...«

»O doch«, bestimmt Melanie, »wir sollten jetzt unbedingt da hineingehen.« Sie drängelt sich an mir vorbei in die Gartenlaube. Was soll ich tun? Ich folge ihr.

Melanie scheint überrascht, daß wirklich ein alter Kater in der Laube ist. Das hat sie nicht für möglich gehalten.

»Siehst du«, triumphiere ich, »alles wahr!«

Ich gehe zum Katerchen und streichele seinen Kopf. Er streckt sich ein bißchen und gähnt.

»So müde bist du«, spreche ich ihn an, »und ich bringe dir auch noch Besuch mit. Wir bleiben nicht lange. Die Melanie will dich kennenlernen.

Sie glaubt mir nämlich nicht, was du mir erzählt hast.«

Ätsch! Melanies Zweifel an meinen Geschichten kommen ins Wanken. Eine Weile starrt sie den Getigerten andächtig an. Dann fragt sie: »Und er kann wirklich sprechen?«

»Habe ich dir doch gesagt.« Ich mache eine ausladende Handbewegung: »Denkst du immer noch, daß ich spinne?«

Melanie überlegt. »Er soll mal was sagen«, verlangt sie.

»Nur, wenn er will«, antworte ich, »vielleicht ist er zu müde, vielleicht will er lieber schlafen.« Wir begucken den blinzelnden Kater.

»Er ist wach, er soll was sagen«, beharrt Melanie.

Ich beuge mich hinunter und wispere dem Kater ins Ohr: »Na komm, mein Kleiner, erzähl ihr was.«

Der Kater gähnt.

»Bloß ein paar Worte, mit mir sprichst du doch auch«, locke ich.

Melanie verschränkt die Arme vor der Brust: »Er sagt nichts.«

»Er redet eben nicht mit jedem«, fahre ich sie an.

»Er kann gar nicht sprechen«, behauptet Melanie, »Tiere können nicht reden, das können nur Menschen.«

»Kann er doch!« fauche ich. »Du kannst ihn bloß nicht verstehen! Komm, Katerchen, sag mal doofe Melanie, sag doofe Melanie!«

»Selber doof!« platzt Melanie heraus: »Doofe Marie!«

»Hörst du? Er sagt doofe Melanie! Er sagt Oberdoofe!«

»Du bist doof! Und dein Kater erst recht! Und eine andere Freundin kannst du dir auch suchen! Nie wieder glaub ich dir ein Wort!«

Melanie rennt einfach weg.

»Ich hab es doch nicht so gemeint!« rufe ich ihr hinterher.

Jetzt weiß ich nicht, ob ich ein schlechtes Gewissen haben muß oder ob ich sauer auf Melanie sein soll. Schließlich lüge ich nicht, ich erlebe bloß mehr als die anderen.

»Ach, Katerchen«, stöhne ich, »wenn du was gesagt hättest, hätte ich jetzt keinen Krach mit Melanie.«

Abends im Bett kneife ich mich besonders oft in die Arme. Das mache ich immer, wenn ich nicht einschlafen will. Es ist toll, unter der warmen Bettdecke zu liegen und sich Geschichten auszudenken. Der nächste Tag ist noch weit weg. Keiner will etwas von mir, keiner verlangt, daß ich etwas tun soll, was mir keinen Spaß macht. Wenn ich zu schnell einschlafe, kann ich diese Zeit nicht auskosten. Deshalb kneife ich mich.

3. Kapitel

Lügendienstag ganz ohne Erdbeeren

Und dann passiert es doch. Gerade ist es so richtig gemütlich, noch mindestens zehn Stunden bis zum Aufstehen, da klingelt der blöde Wecker, da kommt Mama und läßt das Rollo an meinem Fenster hoch. Ich blinzele. Das Tageslicht ist viel zu hell für Augen, die gerade noch geträumt haben.

»Raus aus den Federn!« jubelt Mama. Und singt vom Frühtau in den Bergen, von der Sonne, die schon hoch am Himmel steht. Solchen Kram eben.

»Kannst du mich nicht leise wecken?« brumme ich.

»Oller Morgenmuffel«, sagt Mama.

Ich bin kein Morgenmuffel. Gestern zum Beispiel war ich vor Mama und Papa auf den Beinen.

Gestern ist lange her. Heute stört mich die Fliege an der Wand. Es sitzt tatsächlich eine da. Als ich noch viel kleiner war, habe ich Fliegen gemocht.

Mama und ich haben die Fliegen im Haus Stubenelefanten genannt. Heute könnte ich die Dienstagmorgenfliege über meinem Bett kaputtmachen, aber sie läßt sich nicht fangen. Sie brummt um meinen Kopf herum, wenn ich versuche, die Augen zu schließen und mich schlafend wieder aus diesem Dienstag zu schleichen. Sie ist schon ganz woanders, wenn ich nach ihr schlage.

»Höchste Zeit, endlich aufzustehen!« ruft Mamas Kopf, der in der halbgeöffneten Zimmertür erscheint und gleich wieder verschwindet.

Ohne Knieverband muß ich den Schulbus nehmen. Ich bettele, daß Mama mich zur Schule fährt, aber sie besteht darauf, »mir keine Extrawurst braten zu wollen«. Gestern nachmittag hätte ich mir aus den paar Kratzern doch auch nichts gemacht.

Draußen nieselt es. Ich muß die viel zu große Windjacke anziehen, die Tante Emmi mir geschenkt hat. Daß ich ja noch wachsen würde, muß ich mir bei solchen Gelegenheiten anhören. In der Windjacke von Tante Emmi sehe ich echt mickrig aus.

Und so fühle ich mich auch, als ich in den Schulbus klettere. Melanie, die direkt hinter dem Fahrer sitzt, trägt neue Jeans. Knalleng! Ich zeige meine Monatskarte vor und tue so, als hätte ich Melanie nicht gesehen.

»Da kommt die Tangotänzerin!« knufft Melanie ihren Ellbogen in Claudias Seite.

Ich schlängele mich an den beiden vorbei.

»Eins! Zwei! Wiegeschritt!« brüllen Melanie und Claudia im Chor.

Nichts gehört. Ich beschließe, nichts gehört zu haben. Neben Elfi plumpse ich auf einen der grünen Kunststoffsitze. Ich starre aus dem Fenster. Melanie hat gequatscht. Wenn Claudia schon von der Tangogeschichte weiß, ist die Sache bald in der ganzen Klasse rum. Sie werden mich aufziehen, wie damals, als Frau Kaufmann meinen Ferienaufsatz über Metusaladonien vorgelesen hat.

Bis zum Unterrichtsbeginn verstecke ich mich auf der Mädchentoilette. Mit dem Wasser aus der Klospülung könnte ich in der Kanalisation verschwinden, als ich Claudias Stimme im Waschraum höre: »Die Marie ist jetzt voll reif für die Klapsmühle. Habt ihr schon gehört? Neuerdings kann sie mit Katzen sprechen.«

Erst nachdem es geklingelt hat, gehe ich in die Klasse, zusammen mit Frau Kaufmann, die mir auf dem Flur begegnet. Melanie sitzt stocksteif in unserer Bank, die Nase nach oben. Quer über den Tisch hat sie einen Kreidestrich gezogen. Ich ziehe meinen Stuhl bis fast in den Mittelgang hinaus.

Deutschstunde. Frau Kaufmann verteilt Arbeitsblätter. Wir sollen alle Tu-Wörter auf dem Blatt rot einkringeln. Ich krame in meinem Etui, und dann fällt mir ein, daß Melanie meinen roten Filzstift hat. Letzte Woche habe ich ihn ihr geliehen.

»Mein Rotstift«, murmele ich rüber, »gib mir meinen roten Filzstift zurück.«

Melanie tut so, als ob sie mich nicht gehört hat. Mit meinem Stift kringelt sie fleißig Tu-Wörter ein.

»Gib ihn her!« werde ich lauter.

Für Melanie bin ich Luft.

»Ich will meinen Rotstift wiederhaben«, rufe ich, »ich hab ihn dir bloß geliehen!«

»Pah!« sagt Melanie verächtlich.

»Was ist denn los?« fragt Frau Kaufmann.

»Melanie hat meinen roten Buntstift. Ich hab ihn ihr bloß geliehen, letzte Woche«, antworte ich. »Jetzt will sie ihn mir nicht zurückgeben.«

»Stimmt das?« Frau Kaufmann sieht Melanie an.

»Wenn es stimmt, daß Katzen sprechen können«, antwortet Melanie.

»Was haben sprechende Katzen mit einem Rotstift zu tun?« fragt Frau Kaufmann.

»Marie sagt, sie hätte einen Kater, der sich mit ihr unterhält.« Melanie schaut sich nach allen Seiten um: »Die lügt doch immer!« Alle aus der Klasse lachen!

Frau Kaufmann nimmt meinen Filzstift an sich. »Wem gehört er denn nun?« fragt sie.

»Mir!« rufen Melanie und ich gleichzeitig.

Frau Kaufmann nimmt den Buntstift mit zum Lehrerpult. »Wir werden das klären«, sagt sie, »ihr könnt die Tu-Wörter auch mit einem anderen Farbstift einkringeln.«

Melanie streckt mir die Zunge heraus: »Wer einmal lügt, dem glaubt man nicht …«

Kurz vor Schulschluß kommt Frau Kaufmann zu mir. Ich soll anschließend noch ein paar Minuten bleiben, sagt sie. Die anderen packen ihre Taschen.

Melanie grinst schadenfroh: »Das hast du davon!«

Mir doch egal. Da muß ich wenigstens nicht mit den blöden Typen an der Bushaltestelle stehen.

Als wir alleine im Klassenzimmer sind, öffnet Frau Kaufmann die Schublade des Lehrerpults. Sie nimmt meinen roten Buntstift heraus.

»Gehört er dir?« fragt sie mich wieder.

Ich nicke. Mir glaubt ja doch keiner, denke ich.

»Hier hast du ihn zurück.« Frau Kaufmann legt den Stift vor mich auf den Tisch.

Jetzt bin ich richtig durcheinander.

»Es ist dein Buntstift, Marie, du hast es gesagt, steck ihn ruhig ein.« Die Stimme von Frau Kaufmann ist leise und freundlich.

Ich bewege mich nicht.

Frau Kaufmann dreht den Stuhl von meinem

Vordermann um und setzt sich zu mir an meinen Tisch. Sie zeigt auf den Kreidestrich, den Melanie über die Mitte der Tischplatte gezogen hat: »In meiner Schulzeit haben wir das auch schon so gemacht, wenn wir Krach miteinander hatten.«

Ich nicke. Eine Weile ist es ganz still im Klassenzimmer.

»Was war los in Metusaladonien?« fragt Frau Kaufmann plötzlich. »Ich würd's gerne wissen. Seit du diesen Aufsatz geschrieben hast, bin ich ganz gespannt auf neue Nachrichten aus Metusaladonien.«

Vor Schreck fange ich an zu schielen.

»Na, komm schon«, ermuntert mich Frau Kaufmann, »laß eine alte Frau nicht so lange schmoren.«

Was soll ich bloß sagen? »Der Kater ist am Sonntag gekommen«, sprudelt es aus mir heraus. »Ich habe mich mit ihm unterhalten. Und dann sind wir auf das Tangogesetz für Mäuse gekommen. Weil ich es ätzend finde, damenhaft zu sein. Und er hat erzählt, was mäusehaft ist, na, Tango-

tanzen eben.
Und daß in Metusaladonien alle Mäuse Tango lernen müssen, weil sie sonst keine anerkannten Mäuse sind. Die Perserkatze Lilalü hat das bestimmt. Die ist Vorsitzende der Katzenpartei. Und eigentlich ist das Gesetz mäusefeindlich. Es geht den Katzen nur darum, daß sie die Mäuse leichter fangen können. Weil es im Grunde eigentlich nicht mäusehaft ist, Tango zu tanzen. Mäusehaft ist nur, von Katzen gefressen zu werden. Und dann bin ich auch noch hingefallen, als ich dem Kater Lachs zum Frühstück bringen wollte. Und die Melanie wollte wissen, warum mein Knie verbunden ist. Ein bißchen Wahrheit habe ich ihr erzählt, aber nachmittags ist sie wiedergekommen. Sie wollte den Kater sprechen hören. Bloß, zu ihr hat er nichts gesagt. Und heute morgen hat sie allen in der Klasse erzählt, daß ich lüge. Und eigentlich lüge ich doch nicht. Und der rote Buntstift gehört mir. Ganz bestimmt!«

Wie ein Wasserfall kommt die ganze Geschichte aus meinem Mund. Jetzt muß ich auch noch heulen. Und wenn ich heulen muß, läuft meine Nase. Nicht einmal ein Taschentuch habe ich dabei!

»Metusaladonien gibt es nicht im Schulatlas«, tröstet mich Frau Kaufmann, »aber in deinem Kopf. Und weil es dort ist, ist es auch in meinem Kopf. Wenn ein Land in zwei Köpfen ist, kann man nicht behaupten, daß es dieses Land gar nicht gibt.«

Den Nachmittag verbringe ich in der Gartenlaube. Der alte Kater hängt über dem Freßnapf und schlingt, als hätte er seit zehn Jahren keine Mahlzeit mehr bekommen. Ich schaue ihm zu und löffle ein Kokosnußjoghurt.

»Du bist besser drauf als ich«, stelle ich fest. Daß ich vor Frau Kaufmann geheult habe, nehme ich mir übel. Andere heulen nie!

Der Kater geht rüber zum Katzenklo, scharrt ein bißchen, dann macht er die Knie krumm. Zwei magere schwarzbraune Würstchen fallen in die Sandkuhle, schon werden sie zugescharrt. Weg damit! Er guckt sich um. Alles ordentlich erledigt?

Außer mir weiß jeder ganz selbstverständlich, was er zu tun hat.

4. Kapitel

Walzermittwoch mit Frühstückserdbeeren

Mittwochmorgen, schon wieder Schule! Ich trödele lange im Badezimmer herum. Sogar den Rasierschaum von Papa probiere ich aus. So was Ähnliches wie Mamas Fönschaum, klebt nur nicht so.

»Komm endlich!« ruft Mama aus der Küche.

Ich antworte nicht. Ich denke darüber nach, wie es wäre, wenn ich nicht ich, sondern jemand anderes wäre, so jemand wie Melanie, Benni oder Elfi.

»Wo bleibst du denn bloß?« ruft Mama.

Ich beschließe, heute alles genau so zu machen wie die anderen. Dann kann keiner mehr sagen, daß ich spinne.

Mama stellt eine Schale Müsli an meinen Platz.

»Hättest du ein paar Erdbeeren für mich?« frage ich Mama.

»Erdbeeren? Du? Zum Frühstück?« Mama sieht mich forschend an.

»Ein paar Erdbeeren für mein Müsli«, sage ich.

»Du warst doch noch nie wild auf Erdbeeren«, erinnert sich Mama. Aber sie öffnet den Kühlschrank und holt das rote Zeug heraus: »Bitte sehr.«

»Alle lieben Erdbeeren.« Ich schlucke.

Die Schule ist ein großer, grauer Kasten mit einem schwarzen Loch an der Vorderseite. Jeden Morgen verschlingt sie ein paar hundert Kinder.

Überall lese ich Warnschilder: Mäuse tanzen keinen Tango! Erdbeeren sind lecker! In die Ferien fährt man nach Kenia und nicht nach Metusaladonien! Tiere können nicht sprechen!

Meinetwegen. Ich packe meine Sachen für die Deutschstunde aus: Lesebuch, Schreibheft, Etui, das Arbeitsblatt von gestern.

»Na?« stichelt Melanie, die als eine der letzten in die Klasse kommt: »Haste nicht nur nachgesessen, sondern gleich die ganze Nacht hier verbracht?«

Ich reiche ihr meinen roten Filzstift: »Der gehört dir.«

Melanie guckt mich mit großen Augen an.

»Du wolltest ihn doch haben, gestern«, sage ich, »ich schenke ihn dir.«

Sie läuft rot an wie eine Tomate.

Rot! Roter Buntstift! Rote Tomate! Mir wird auf einmal so komisch im Magen. Rote Erdbeeren zum Frühstück!

»Hat Frau Kaufmann dir den wiedergegeben?« flüstert Melanie.

Ich nicke und schiebe den Stift mit der linken Hand über den Kreidestrich. Meine rechte Hand brauche ich, um sie gegen meinen Mund zu pressen. Rote Erdbeeren zum Frühstück!

»Was ist los mit dir?« fragt Melanie.

Ich kann mich gerade noch ein bißchen von ihr wegdrehen, dann brechen die Frühstückserdbeeren mit Macht aus meinem Mund. Was in meinem Magen war, spritzt in den Gang zwischen die Tischreihen. Benni reißt seine Schultasche hoch.

»So 'ne Sauerei!« kreischt Claudia.

Ich huste und würge. Irgendwelche Erdbeerstückchen sind in meiner Nase gelandet.

»Blut!« schreit Elfi: »Marie spuckt Blut!«

»Erdbeeren…«, hechele ich, »jeder mag Erdbeeren.«

Frau Kaufmann schickt mich nach Hause. Mit so einer Magenverstimmung gehöre ich ins Bett, meint sie. Mama soll mir einen Kamillentee machen. Während der Busfahrt, weg von der Schule, geht es meinem Bauch prima.

Mama ist nicht da. Vielleicht ist sie beim Einkaufen. Oder bei Tante Emmi. Ja, wahrscheinlich ist sie dort. Tante Emmi kann die Fenster ihrer Wohnung nicht mehr allein putzen. Und fürs Bettbeziehen braucht sie Mama auch.

Ich schleiche durch die Wohnung. Warum habe ich so ein schlechtes Gewissen? Ich kann doch nichts dafür, daß ich kotzen mußte. Ich habe mich doch nicht selbst nach Hause geschickt. Mein Rock ist dreckig. Meine Kniestrümpfe sind bekleckert. Mein Bauch ist leer wie eine ausgeräuberte Tüte Gummibärchen.

Mit einem gebratenen Hähnchenschenkel aus dem Kühlschrank, Karamelbonbons, einer Tüte Brausepulver und einer Dose Katzenfutter mache ich mich auf den Weg zur Gartenlaube.

Der alte Kater scheint heute keinen Appetit auf Dosenfutter zu haben. Er reckt den Hals nach meinem Hähnchenschenkel.

»Okay, wir teilen«, verspreche ich. Und zerpflücke mein Zweitfrühstück in kleine mundgerechte Happen. Das schmeckt ihm! Er schmatzt und schluckt und schmatzt. Es ist schon lange alles aufgegessen, da fährt er immer noch verzückt mit der Zunge über Nase und Backen.

»Und was esse ich jetzt?« frage ich.

»Brausepulver und Karamelbonbons«, sagt der Kater.

»Oder Katzenfutter«, bemerke ich und gucke mir das Etikett auf der Dose an. »Mit viel Rindfleisch«, lese ich vor. »Mit viel Mäusefleisch müßten die auf die Dose schreiben! Dann wäre es richtiges Katzenfutter! Rindfleisch! Hat man schon mal eine Katze gesehen, die sich eine Kuh zum Mittagessen fängt?«

»Katzen sind super Jäger«, behauptet der Getigerte, »tausend gute Leckerbatzen landen zwischen Katzentatzen.«

»Rinder, Giraffen, Elefanten«, murmele ich und tippe gegen meine Stirn. »Womöglich auch noch Hunde! Und gleich wirst du mir erzählen, daß du den Leo von Hasselmanns gejagt hast und daß der vom Gartenzaun gefallen ist!«

»Alles ist möglich«, antwortet der satte, zufriedene Kater, »ja, wenn der Leo Kultur gehabt hätte ... die paar Walzerschritte hätte er bei einem ordentlichen, katzengeprüften Tanzinstitut schnell lernen können! Ach, Hunde sind einfach blöd!«

»Jetzt hör aber mal auf mit deinen komischen Geschichten! Tango für Mäuse, Walzer für Hunde?«

»Tatsächlich«, erklärt er, »das Walzergesetz für Hunde war die nächste Erfindung von Lilalü, der großen Vorsitzenden. Die Mäuse waren alle in den Tanzschulen, Tango lernen. Überall im Land meldeten die Katzen Erfolge, wie leicht es dank Lilalüs Tangogesetz inzwischen geworden sei, bei Nacht und Tag Mäuse zu fangen. Eins, zwei, Wiegeschritt. Und schwupp! Schon lagen sie warm und weich in den Bäuchen hungriger Katzen.«

»Warm und weich!« rege ich mich auf: »Mausetot lagen sie da, gefressen, einfach aufgefressen!«

»Papalapapp«, gähnt der alte Kater: »Mausetod ist Katzenbrot.«

»Du bist gemein«, protestiere ich.

»Ich bin gemein, aber du kommst mit einem gebratenen Hähnchenschenkel in die Gartenlaube«, der Kater funkelt mit den Augen, »und außerdem wolltest du das knusprige, kleine Hähnchenbein selbst auffressen. Wenn ich nicht gewesen wäre ...«

Mama reißt die Tür zur Gartenlaube auf: »Hier bist du also! Ich habe deine Schultasche auf dem Küchentisch gefunden! Warum bist du nicht in der Schule?«

»Die Erdbeeren«, erkläre ich. »Die Erdbeeren haben sich in meinem Magen nicht wohl gefühlt.«

Zum Mittagessen gibt es Spinat und Spiegeleier. Ich stochere mit der Gabel zuerst in dem grünen Brei herum, dann im Eigelb. Kleine gelbe Bäche laufen ins Grüne.

»Iß ordentlich«, ermahnt mich Mama, »mit dem Essen spielt man nicht.«

Ich muß an das Hähnchenbein denken, das ich verdrücken wollte. Damit hat mal ein richtiger Gockel im Sand gekratzt.

»Sind Fischstäbchen eigentlich aus richtigen Fischen herausgeschnitten?« frage ich Mama.

»Fischstäbchen sind aus richtigem Fisch gemacht«, antwortet Mama. »Fisch ist gesund. Deshalb tue ich dir ja den Gefallen und brate sie beinahe jede Woche einmal für dich.«

»Ich esse nie wieder Fischstäbchen«, sage ich.

Mama legt die Hand auf meine Stirn.

»Fieber hast du nicht«, murmelt sie.

Nachmittags verkrieche ich mich in die Gartenlaube. Wie viele Fische wohl schon auf meinem Teller gelegen haben, überlege ich, getarnt als zu groß geratene Pommes frites?

»Irren ist menschlich«, schnurrt der Kater. »Manchmal sogar kätzisch.«

Ich kraule seinen Kopf.

»Lilalü zum Beispiel hat sich mit dem Walzergesetz für Hunde total geirrt. Hat man schon mal einen Hund tanzen gesehen? Nur, weil die Sache mit den Mäusen so prima geklappt hatte, meinte sie, ein Walzergesetz für Hunde erfinden zu müssen. Damit wir Katzen von Hunden ungestört tags in der Sonne liegen und nachts Mäuse fangen können. Lilalü war weise. Aber selbst sie hat Fehler gemacht. Hunde sind keine Tänzer. Allenfalls Hopser und Renner! Ohne Sinn und Verstand rennen diese Krachmacher in der Gegend herum, verscheuchen mit ihrem heiseren Radau weit und breit alles, was man still und geduldig belauern muß. Mit ihren Pfoten wissen sie nichts anderes anzufangen, als durch Pfützen zu stampfen und herumzutrampeln, diese armen Geschöpfe!«

»Man kann eben nicht alles können«, murmele ich. »Gute Aufsätze, die kann ich schreiben, aber wenn die Klasse Völkerball spielt, will mich keiner in der Mannschaft haben. Singen kann ich auch nicht.«

»Genau«, flüstert der Kater, »das hätte Lilalü beschließen müssen.«

»Was?« frage ich.

»Gesangsstunden für Hunde! Dann wäre alles ganz anders gekommen«, behauptet der Getigerte. »Lilalü hätte es wissen müssen. Hunde heulen den Mond an, sie jaulen mit den Sirenen von Polizei- und Rettungsfahrzeugen! Singen oder so etwas Ähnliches liegt ihnen im Blut, nicht tanzen! Wenn Lilalü …«

»Ja, ja«, sage ich, »wenn das Wörtchen wenn nicht wär …«

»Stimmt.« Der Kater nickt. »Lilalü hat eben nicht daran gedacht, den Hunden Gesangsstunden zu verordnen. Statt dessen Walzer für die Hunde. Wie konnte sie nur solche Zottelwesen, die sich bei jeder Gelegenheit mit Vergnügen in einem fremden Kackhaufen wälzen, zum Walzertanzen auffordern?«

»Na ja«, wende ich ein, »als Opernsänger eignen die sich mit dem Parfüm auch nicht gerade.«

Der Kater macht es sich noch ein bißchen bequemer im Wäschekorb. »Es war, wie es war. Erst einmal,« beginnt er, »wurden im ganzen Land Walzerschulen für Hunde eingerichtet. Rück, seit,

schließen, kommandierte ein im Ausland zum Tanzlehrer abgerichteter Dobermann. Die Hunde stolperten über ihre vier Beine, purzelten übereinander her, Pudel über Schäferhunde, Bernhardiner über Rauhhaardackel, und sofort war eine Rauferei und Balgerei im Gange, daß keiner die Kommandos des Tanzlehrers hörte. Einige Hunde spielten Fangen. Andere kläfften laut vor Begeisterung über das Getümmel auf der Tanzfläche! Sie veranstalteten einen solchen Lärm, daß die Katzen in drei Kilometer Entfernung noch fürchteten, dauerhafte Hörschäden zu erleiden. Nachdem sich alle ausgetobt hatten und mit hängenden Zungen die Tanzschule verließen, beteuerten sie, Walzertanzen wäre irre gut. Ganz bestimmt kämen sie pünktlich zur nächsten Tanzstunde wieder!«

Ich kichere und gluckse, dann kann ich mich nicht mehr beherrschen und pruste los.

Der Kater stöhnt. »Die Walzerstunden, das zeigte sich, waren ein hervorragendes Training für Hunde! Nicht nur, daß die Hunde, die schon immer zu fürchten waren, jetzt noch flinker und ausdauernder hinter uns herrannten, auch fette Möpse, die früher nur auf ihren Sofas herumgelegen hatten, bekamen Lust auf Bewegung und flitzten durch die Straßen und Gärten hinter uns her. Zu allem Überfluß grölten sie dabei: Juchhu Walzer! Wir tanzen Walzer juchhu! – Wie sollten wir da noch Mäuse fangen? Wir hatten keine ruhige Minute mehr, sie einzusammeln. Schrecklich, es war einfach schrecklich!«

»Was habt ihr gemacht, damit es aufhört?« will ich wissen.

»Walzerverbot!« antwortet der Kater prompt. »Generelles Walzerverbot für Hunde. Die Tanzschulen wurden geschlossen. Lilalü verkündete: Walzertanzen ist unhündisch. Tanzen überhaupt ist total unhündisch! Mäuse tanzen. Und die Hunde wollten doch sicher nicht, daß man sie mit Mäusen verwechselt.«

»Haben die Hunde ihr das geglaubt?« frage ich.

»Tanzen ist top, haben die Hunde behauptet. Obwohl sie sonst fast alles machen, was man ihnen sagt, sogar Pfötchen geben und Stöcke in der Gegend herumtragen, dieses eine Mal waren sie dickköpfig. Daß sie so lange tanzen würden, wie sie wollten, auch ohne Tanzschulen, ließen sie Lilalü ausrichten. Und auf Tanzlehrer könnten sie gut verzichten, weil sie von Natur aus Supertänzer wären!«

»Alles klar«, bemerke ich, »wenigstens die Hunde hat Lilalü nicht dazu gekriegt, nach ihrer Pfeife zu tanzen.«

»Ach ja«, jammert der Kater, »wenn es bloß die Hunde gewesen wären, die sich nicht erziehen lassen wollten. Tanzt erst einer aus der Reihe, sind es bald viele.«

5. Kapitel

Topflappendonnerstag und noch eine Erdbeere

Weil ich den ganzen Nachmittag beim Kater in der Gartenlaube verquatscht habe, zuckt mir erst am Donnerstagmorgen der Schreck durch die Glieder. Pünktlich zum Frühstück fällt es mir ein: Heute steht Handarbeit auf dem Stundenplan. Heute sollen wir unsere fertiggehäkelten Topflappen abgeben. Misttopflappen! Ich renne in mein Zimmer und krame ein Wollknäuel, an dem etwas Schmutzigschiefes und eine Häkelnadel hängen, aus der Schreibtischschublade. Nie und nimmer wird das als Topflappen anerkannt. Ein paar Häkelreihen wenigstens müßten noch drauf. Ich setze mich aufs Bett und nehme den Kampf mit der Häkelnadel auf. Es ist zum Verzweifeln. Ich bohre die Häkelnadel gewaltsam durch das brettartige Gebilde in meiner Hand, versuche, den Baumwollfaden zu erwischen, um ihn hindurchzuziehen. Immer wieder rutscht er mir weg. Dreckslappen!

»Wo bleibst du denn?« ruft Mama aus der Küche. »Zum Herumtrödeln ist jetzt keine Zeit mehr.«

»Gleich«, rufe ich, »komme gleich!«

Statt dessen kommt Mama herein. Sie nimmt mir das Ding, das kein Topflappen werden will, aus der Hand und packt es in meine Schultasche.

»Dafür hattest du in den letzten Tagen genug Zeit«, sagt sie scharf, »jetzt ist es zu spät.«

»Wenn ich mal groß bin, habe ich für so was nie Zeit«, fauche ich sie an, »nicht mal vor dem Frühstück.«

Mama lacht. »Wenn du mal groß bist, wirst du dir Zeit für viele Sachen nehmen müssen, die dir keinen Spaß machen.«

»Du häkelst doch auch keine doofen Topflappen!«

»Als ich so alt war wie du, habe ich das auch machen müssen. Ich hab's überlebt.«

»Aber ich«, sage ich, »ich überlebe das nie.«

»Was sollen denn da erst die Jungen aus deiner Klasse sagen!« Mama lacht schon wieder. »Zu meiner Zeit wäre das gar nicht vorstellbar gewesen: Jungen, die handarbeiten oder kochen!«

»Walzer für die Hunde!« zische ich.

Mit finsterem Gesicht setze ich mich wieder an den Frühstückstisch.

»Schau nicht so griesgrämig in die Gegend«, sagt Mama, »draußen lacht die Sonne.«

Ich starre auf die Zeitungsbilder, hinter denen sich Papa versteckt hält: lauter graue, alte Männer.

»Heute keine Erdbeeren?« hänselt mich Mama mit ihrer Ewig-guten-Morgen-Laune.

»Nie wieder esse ich eine einzige Erdbeere«, antworte ich.

»Ich dachte, es wären die Fischstäbchen, die du von der Speisekarte gestrichen hast?«

Papa guckt mich fragend über den Zeitungsrand an.

Als ich in den Schulbus steige, winkt Melanie mir zu. Ich soll mich auf den freien Platz neben sie setzen. Widerwillig gehe ich hin.

»Gestern war ich mit meiner Mutter Buntstifte kaufen«, erzählt Melanie, »den hier habe ich für dich ausgesucht.« Sie reicht mir einen riesig langen Stift, dessen Ende zu einem Knoten gebogen ist. So ein Superding habe ich noch nie gehabt.

»Für mich? Wirklich?« staune ich.

Melanie nickt. »Tut mir echt leid, die Sache mit dem roten Filzstift.«

»Ist schon gut«, wiegle ich ab.

»Alles wieder klar wie dicke Klopssuppe?«

Ich lache. »Alles saure Sahne!« Und gebe ihr die Hand: »Danke auch.«

Melanie strahlt: »Den Kreidestrich auf unserem Tisch habe ich schon weggewischt, gestern, als es dir so schlechtging.«

Je näher die Handarbeitsstunde bei Frau Schmidt rückt, um so unruhiger rutsche ich auf meinem Stuhl hin und her. Wenn ich mich ganz oft melde und Frau Kaufmann mich in der nächsten Stunde mindestens siebenmal drannimmt, dann wächst er vielleicht, der bretharte Lappen in meiner Schultasche. Sehr zuversichtlich stimmt mich dieser Gedanke zwar nicht. Wenn ich sonntags mit geschlossenen Augen durch die Wohnung tapse, ohne gegen Mamas alte Blechkanne im Flur zu stoßen, hat das auch noch nie etwas geändert. Wir sind trotzdem immer zu Tante Emmi gefahren.

Wenigstens habe ich das Gefühl, etwas gegen das drohende Unheil zu tun! Nicht nur siebenmal, nein, achtmal suche ich in der nächsten Stunde nach Antworten auf die seltsamsten Fragen, die einem Lehrer zum Thema Regen einfallen können. Wie kommt das Regenwasser in die Wolken? Warum fällt es auf die Erde? Was macht den Regen sauer? Wie kommt das Wasser in die Leitung? Ist es dasselbe Wasser, das vom Himmel fällt?

Dem Topflappen nützt mein Eifer nichts. Eigentlich habe ich es ja gewußt.

Frau Schmidt ist gar nicht begeistert, als sie ihn auf meinem Tisch liegen sieht. Was das da sein soll, fragt sie mich. In meinem Kopf sind keine Antworten mehr.

Frau Schmidt nimmt das Ding zwischen zwei spitze Finger und hält es hoch. Sie dreht sich um sich selbst, damit jeder in der Klasse es sehen kann.

»Ist der dreckig!« Claudia rümpft die Nase. »Meine Mutter erinnert mich immer daran, daß

ich mir die Hände wasche, bevor ich eine Handarbeit anfasse.«

»Das muß sie auch«, versucht Melanie mir zu helfen, »sonst würden Bonbons und Negerküsse dran kleben.«

Jetzt zeigt Claudia ihren Topflappen vor: »Na? Was sagt ihr dazu?«

Wie neu gekauft sieht der aus. Er ist nicht nur sauber und fertiggehäkelt, nicht nur mit einer Verzierung um alle vier Seiten berankt, in seiner Mitte leuchtet auch noch eine große aufgestickte Erdbeere. Mann-o-Mann, ich werde verfolgt von Erdbeeren!

»Hast du nie im Leben selber gemacht«, behauptet Melanie, »das war deine Mutter! Das mußt du zugeben, nie im Leben ...«

»Ruhe!« ruft Frau Schmidt, »wir diskutieren jetzt nicht über Claudias Topflappen, sondern ...!«

»Tooopf-lappen!Tooopf-Tooopf-Tooopf-Tooopf-lappen«, gackert Benni wie ein Huhn vor sich hin.

»Das gilt auch für dich!« Frau Schmidt ist wütend. »Zeig mal her, was du fabriziert hast.«

»Einen Tooopf-Tooopf-Tooopf-Tooopf-lappen«, gackert Daniel weiter.

Der Toopf-Toopf-Doof-Lappen von Benni sieht auch nicht besser aus als meiner.

»Wenn ihr beide mal heiraten solltet, möchte ich euch lieber nicht besuchen.« Frau Schmidt atmet tief durch.

Ich bin auch wütend. »Erstens heirate ich den

nicht, zweitens brauche ich keinen Topflappen. Und überhaupt ist das alles ätzend hier!«

»Marie. Marie. Was soll aus dir bloß einmal werden?«

Warum verstellt die sich so? Ist der doch egal, was aus mir mal wird.

»Wie willst du mal eine Familie versorgen?« fragt sie.

Will ich sowieso nicht. Topflappen häkeln, Geschirr spülen, kein vernünftiger Mensch will das.

»Daß der Benni als Junge nicht mehr zustande bringt, kann ich ja noch verstehen …«

Kann sie das? Der hat doch auch zwei Hände und zehn Finger.

»Aber du als Mädchen, als zukünftige Frau und Mutter …«

Das ist ungerecht, das ist einfach gemein!

»Was willst du einmal deiner Tochter beibringen? Meinst du, daß du mit deiner Einstellung …«

Die soll mich in Ruhe lassen. Warum hält die mir diese Standpauke und nicht dem Benni?

»… kriegst du nie einen Mann …«

Du doch auch nicht, Fräulein Schmidt, obwohl du Topflappen häkeln kannst! Wenn ich erwachsen bin, werde ich Schulministerin. Und als erstes verbiete ich den Handarbeitsunterricht für Mädchen. Sollen doch die Jungen erst mal häkeln lernen. Und dann können sie meinetwegen Topflappen-Entwicklungshelfer in Kenia werden.

»Die Familie ist das wichtigste Ei in Deutschland, die Keimzelle«, mischt sich Claudia ein. »Wenn du so weitermachst, kriegen deine Eltern mal keine Rente.«

Während ich frisches Katzenstreu in die Kiste schütte, berichte ich: »Die mit ihrer ekelhaften Erdbeere auf dem Mama-Topflappen, ausgerechnet die! Du, als Mädchen! Die Keimzelle! Keine Rente! Die haben sie doch nicht mehr alle! Total übergeschnappt!«

»Tango für die Mäuse«, sagt der Kater etwas heiser.

»Und Walzer für die Hunde?« frage ich.

»Ein schönes Leben für mich«, murmelt der Kater versonnen. Er sitzt auf der Fensterbank und guckt verträumt in den Garten. »Da draußen gibt es alles. Bäume, Wiesen, Felder, Mäuse«, sinniert er.

Ich gehe ans Fenster und sehe mit ihm hinaus. »Hier hast du alles, was du brauchst«, sage ich, »ein eigenes, kleines Haus, ein Katzenklo und Dosenfutter. Draußen ist der Leo. Walzer juchhu! Manchmal regnet es. Im Winter ist es kalt. Und Mäuse kannst du doch gar nicht mehr fressen mit deinem Gebiß.«

»Weißt du so genau, was ich brauche?« fragt er. »Stundenlang regungslos vor einem Mauseloch hocken, das kann ich immer noch! Der Wind streift durchs Fell, im Gras krabbeln Käfer herum. Bald wird es Sommer. Im Sommer duftet alles. Sonne auf dem Fell, du hast ja keine Ahnung, wie gut das tut. Du hast ja nicht mal ein Fell.«

»Und du hast keine Ahnung, wie gut es ist, daß ich dir alles erzählen kann«, sage ich.

Der Kater reibt seinen Kopf an meinem Arm. »Gut für dich ist nicht unbedingt gut für mich. Gut für mich muß nicht gut für dich sein.«

»Kater, Kater«, flüstere ich. »Kann es denn nicht für uns beide gut sein, wenn du hier bleibst?«

Er blinzelt. »Wenn du mir jeden Tag einen Topflappen häkelst, mal sehen«, sagt er und beginnt damit, seinen Bauch zu lecken, ein Hinterbein in die Höhe gereckt.

»Was willst du mit einem Topflappen anfangen?«

»Nichts, gar nichts. Erzählen will ich dir was. Das Ende der Mäuse-Tango-Geschichte.«

»War da noch was?« frage ich erstaunt.

»Noch was?« empört sich der Kater. »Aufstand! Revolution! Bloß wegen Struppi!«

»Wer ist Struppi?«

»So einer von den Walzertänzern, ein Rehpinscher-Collie-Mix, der dritten Grades mit einer Maus verwandt war. Der hat seiner uralten Großtante Quietschi erzählt, daß nicht bloß Mäuse in die Tanzschulen gehen müßten, sondern auch Hunde, Gesetz von Lilalü. Über den Unterschied zwischen Tango und Walzer haben sich die beiden unterhalten. Quietschi hat mordsmäßig gestaunt. Und als das generelle Walzerverbot für Hunde kam, hat Struppi das auch ausgeplaudert. Haarklein. Quietschi war alt, und wie immer, wenn sie sich nicht erklären konnte, warum der Lauf der Welt nicht in ihr Mäusehirn ging, fing sie an, die Weizenkörner in ihrer Vorratskammer zu zählen. Dabei kamen ihr die verschiedensten Gedanken. Zum Beispiel der, daß eins und eins zwei sind. Zwei Mäuse gehören zum Tangotanzen und gucken auf ihre Füße. Wenn sie fortgeschritten sind: in die Luft. Zwei Mäuse haben vier Augen und vier Ohren, die beim Tangotanzen nichts hören und sehen als Tango. Ohren in die Luft, Nasenspitzen geradeaus! Was bekommt eine Maus, die Tango tanzt, denn vom wirklichen Leben mit? fragte sich Quietschi. Und weil sie gerade jetzt damit fertig war, ihre Weizenkörner für den Winter zu zählen, fing sie damit an, die Mäuse auf dem Feld zu zählen.«

»Das waren inzwischen wohl weniger als bei ihrer letzten Zählung«, bemerke ich.

»Du bist klug«, schmeichelt mir der Kater und kratzt sich. »Es waren weniger. Früher wuselten die Mäuse nur so auf dem Weizenfeld herum. Jetzt waren es viel weniger. Und die tanzten selbstvergessen Tango.«

»Hat sie denn kapiert, daß dieses blöde Tangogesetz …«

»Quietschi hat lange nachgedacht«, unterbricht mich der Getigerte. »Dann ist sie auf einen Maulwurfshügel gestiegen und hat ihre berühmte Rede gehalten, von der sich die Mäuse noch heute erzählen. Liebe Mitmäuse, hat Quietschi gesagt, es ist noch gar nicht so lange her, da haben die Katzen behauptet, Tangotanzen sei mäusehaft. Sie haben das große ungeschriebene Gesetz gemacht und uns Mäuse in die Tanzschulen geschickt. Nur zu unserem Besten sei dies, hat Lilalü, die Schlitzäugige, beteuert. Liebe Mitmäuse, heute habe ich unser Volk gezählt. In der vergangenen Zeit gab es keine Hungersnot, keine Springfluten und keine Vulkanausbrüche. Niemand hat Gift auf unsere Nahrung gestreut. Bis auf die alltäglichen Gefahren war unser Volk durch nichts bedroht. In solchen Zeiten haben wir Mäuse uns stets vermehrt. Wir bekamen mehrmals im Jahr Kinder, zogen sie zu fröhlich-kecken Mäusen auf, wir lehrten sie die Katzen fürchten, und unsere erwachsen gewordenen Kinder sorgten für viele neue Mäusekinder. Liebe Mitmäuse, heute habe ich unser Volk gezählt. Und ich habe gesehen, daß wir ein kleines Volk geworden sind. Ein kleines Volk von Tangotänzern! Ein blinder und tauber Mäusehaufen, der täglich schrumpft, weil wir vergessen haben, was Generationen von Mäusen gewußt und beherzigt haben: Vertraue keiner Katze! Mäuslein, hüte dich!«

»Stark, die Quietschi!«

»Nun übertreib mal nicht«, tadelt mich der Kater, »Mäuse sind in Wirklichkeit piepsigschlapp. Ein Biß, und aus ist's!«

»Weiß ich auch, daß sie schwächer sind als Katzen«, sage ich, »wichtig ist, daß Quietschi ihr Maul aufgemacht hat!«

»Leider, leider«, stöhnt der Getigerte, »Mäusemänner bemerkten plötzlich, daß sie ihre Frauen seit Wochen nicht mehr gesehen hatten, Mäusemütter suchten und fanden ihre Kinder nicht, Mäusemädchen riefen vergeblich die Namen ihrer Mäusetanten und -onkels,

Mäuseomas vermißten ihre Mäuseenkel. Das war die Katz, ging bald ein Flüstern durch die Mäusereihen. Das war die Katz, schwoll das Flüstern zu Entsetzensschreien an. Quietschi pumpte ihre Mäuselunge auf. Dann donnerte sie nach besten Kräften los: DAS WAR DIE KATZ! Mäuse, die nach der Musik der Katzen Tango tanzen, bemerken von all dem nichts! Haben unsere Vorfahren denn Tango getanzt? Nein! Keine Maus hat jemals Tango getanzt, bis das große ungeschriebene Gesetz kam! Quietschi senkte die Stimme, gefährlich leise und langsam sagte sie: dieses hinterhältige Katzentangogesetz.«

»Nach dieser Rede hat bestimmt keine Maus mehr was von Tango wissen wollen«, bemerke ich.

»Es war auch das Ende von Lilalüs Herrschaft«, erzählt der alte Kater. »Das Katzenparadies hat sie uns mit dem Tangogesetz beschert, alles zunichte gemacht hat sie mit dem nachgeäfften Walzergesetz. Gib den Hunden Knochen und den Pferden Heu, sage ich immer. Lerne deine Lieblingsspeisen kennen und die, deren Lieblingsspeise du bist. Sei vor allem vorsichtig, wenn andere dir sagen, was du tun sollst. Es könnte ein Gesetz von Lilalü sein.«

Meine Hände streicheln den alten, dünnen Katerkörper.

»Marie, Marie«, sagt er, »ich hätte mir nie träumen lassen, daß ich mal so viel rede. Mehr, als es vernünftig ist für ein ganzes Katzenleben.«

Auf einmal bin ich traurig. Ich reibe meinen Kopf an seinem dünnen Fell.

»Abschiedsgeschenk«, zwinkert der Kater mir zu.

6. Kapitel

WochenENDE und nochmals Erdbeertorte

Als ich am Freitagmittag nach Schulschluß in die Gartenlaube stürme, bekomme ich einen Mordsschreck. Der Wäschekorb steht nicht vor Opas Stuhl, Futter- und Trinknapf auch nicht. Und das Katzenklo in der Ecke ist verschwunden.

»Wo bist du, Katerchen?«

»Weggelaufen«, sagt Mama. Sie rennt in der Küche herum, packt Teller und Tassen aus den Schränken und guckt mich nicht an.

»Kann er doch nicht«, protestiere ich, »aus der Gartenlaube kann er nicht weggelaufen sein!«

»Doch!« sagt Mama: »Als ich die Tür aufgemacht habe, um ihm sein Futter zu bringen, ist er an mir vorbeigerannt.«

»Du hast ihn einfach laufen lassen?«

Mama schleppt einen Putzeimer herbei und

wischt die leergeräumten Fächer des Küchenschranks aus.

»Einfach laufen lassen hast du ihn. Er ist doch viel zu alt, um sich sein Futter zu suchen oder sich gegen Hunde zu wehren! Warum hast du ihn nicht zurückgeholt? Du hättest ihn einfangen müssen! Wer weiß, wo er jetzt ist? Wer weiß, wie es ihm jetzt geht? Ich muß ihn suchen. Ich muß sofort los und ihn suchen!«

»Aber Kind!« Mama fährt noch heftiger mit ihrem Schwammtuch im Schrank herum. »Das hat keinen Zweck. Er ist längst wer weiß wo. Erinnerst du dich noch, was der Tierarzt gesagt hat? Ein alter Streuner und Kämpfer sei der Kater, der es gewohnt ist, für sich selber zu sorgen. Er hat sich bei uns erholt, und jetzt ist er wieder auf Tour. So einen Kater kann man nicht festhalten.«

»Kann man doch!« Mit dem Pulloverärmel putze ich mir die Tränen von den Backen. »Kann man doch! Er ist mein Freund geworden. Und um Freunde muß man sich kümmern.«

Endlich legt Mama den doofen Putzlappen weg. Sie setzt sich auf einen Stuhl und zieht mich zu sich, in ihre Arme. »Auch Freunde gehen manchmal weg«, sagt Mama leise. »Jeder muß tun, was für ihn gut ist. Auch, wenn damit ein Abschied verbunden ist. Und wenn man seinen Freund sehr gern hat, darf man ihn nicht festhalten.«

Hinter meinen Rippen wächst eine Kugel, die weh tut. »Er kann doch nicht einfach weg sein.«

Mama wiegt mich. »Ich weiß, das ist schwer zu verstehen«, versucht sie mich zu trösten. »Du mußt daran denken, daß es schön war, mit ihm zusammenzusein.« Sie küßt mich. »Und daß es ihm sicher gutgeht.«

Eine Weile sind wir beide still.

»Ob er jetzt vor einem Mauseloch hockt?« Ich schlucke. »Er mag den Wind und die Sonne auf seinem Fell.«

Mama nickt.

In der Nacht kann ich nicht so gut schlafen. Es ist viel zu warm im Bett. Außerdem jucken mich ein paar Mückenstiche auf Armen und Beinen. Immer wieder glaube ich, ein Maunzen von draußen zu hören. Ich

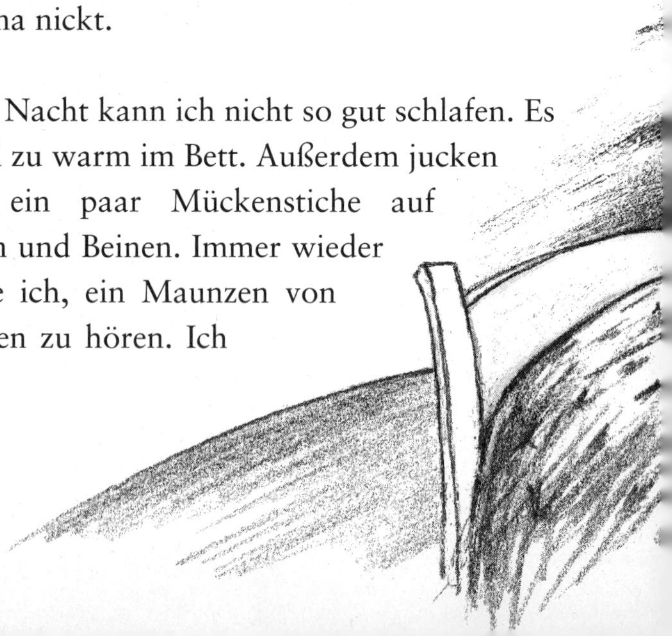

öffne das Fenster. »Katerchen, bist du das?« rufe ich halblaut hinaus.

Irgendwann schleiche ich, leise, daß Mama und Papa nicht aufwachen, rüber in die Gartenlaube, rolle mich in Opas Lehnstuhl

zusammen, die Knie unters Nachthemd gezogen. Die Tür zur Gartenlaube lasse ich weit offenstehen. »Komm zurück«, flüstere ich, »komm doch bitte zurück.«

Morgens werde ich von Mama geweckt. »Wie kannst du uns so einen Schreck einjagen?« ruft sie: »Das darfst du nie wieder machen! Was meinst du, wie ich mich geängstigt habe, als du nicht in deinem Bett lagst!«

Ich gähne und schaue mich in der Gartenlaube um. »Das Katerchen ist nicht zurückgekommen«, sage ich traurig.

Sonntag. Der letzte Sonntag war nicht langweilig, denke ich morgens im Bett. Am letzten Sonntag habe ich den Kater kennengelernt. Wenn ich die Zeit um eine Woche zurückdrehen könnte…, ja, was dann? Dann wäre ich in der letzten Woche nicht zur Schule gegangen, sondern in der Gartenlaube geblieben. Ich hätte den Kater nicht weglaufen lassen! Wenn die Woche noch einmal von vorne anfangen könnte, dann würde ich mir montags nicht das Knie aufschürfen, mich dienstags nicht total mit Melanie verkrachen und mittwochs keine Erdbeeren zum Frühstück essen… Aber der Krach mit Frau Schmidt, der würde wohl nicht zu vermeiden sein. Ich hasse nun mal Topflappen, besonders dann, wenn jemand eine Erdbeere darauf gestickt hat!

»Flöhe!« höre ich Papas Stimme aus dem Schlafzimmer: »Das sind Flohstiche! Wir haben Flöhe im Haus!«

Nebenan geht ein Gepoltere los, am heiligen Sonntagmorgen, an dem Papa sich von der ganzen Woche ausruhen muß!

»Flöhe!« Mamas Stimme klingt entsetzt. »Flöhe! Das habe ich nicht verdient!«

Ich kratze an meinen Mückenstichen. Ob das auch Flohstiche sind? Abschiedsgeschenk, hat das Katerchen gesagt, als wir uns zum letzten Mal gesehen haben.

»Ab-schieds-ge-schenk!« singe ich vor mich hin. Ein bißchen was ist noch da von ihm!

Papa geht ins Badezimmer. Am Sonntag um acht Uhr morgens! Ich höre die Dusche rauschen. Im Schlafzimmer müssen Horden von Handwerkern arbeiten. Da werden Decken geschüttelt und Matratzen geklopft. Der Staubsauger heult.

Ich ziehe mir das Federbett über die Ohren. So ein Aufstand wegen ein paar kleiner Flöhe, denke ich.

Mittags um zwei holt Mama Papa aus der Garage. Daß es bloß Pizza gibt, erklärt sie ihm, weil sie ja so wenig Zeit hatte wegen der Flöhe, die sie am Sonntag zu einem Hausputz getrieben haben. Papa ist sauer. Ich kann es an seinen Mundwinkeln sehen. Er wischt die ölverschmierten Hände an seinen Jeans ab und gibt keine Antwort. Auch beim Essen ist er schweigsam.

»Morgen muß ich unbedingt in die Apotheke«, sagt Mama, »Flohpulver holen, oder was es sonst noch so gibt.«

»So eine Pizza bekomme ich auch in der Kantine«, meckert Papa.

»So eine Pizza essen Mama und ich jeden Montag«, sage ich, »und wir regen uns deswegen auch nicht gleich auf.«

Papa sieht mich mürrisch an.

»Hast du nicht herausfinden können, warum der Wagen diese Geräusche macht?« fragt Mama.

Papa bohrt die Gabel durch eine Scheibe Salami. »Davon versteht ihr ja doch nichts«, bemerkt er.

»Und warum er immer hüpft wie ein wildgewordener Floh, wenn man ihn startet?« will ich wissen.

Papa schiebt den Teller weg: »Bis wir zu Tante Emmi müssen, ist noch eine Stunde Zeit. Ich lege mich aufs Ohr.«

»Und wer spült das Geschirr?«

Ich sehe nicht aus wie ein grünes Männchen vom Mars. Warum mich Papa nur so anguckt?

»Na, geh schon«, redet Mama mir zu, »das machst du doch jeden Sonntag.«

»Jeden Sonntag ich! Warum überhaupt? Warum nicht Papa?«

Mama ist genervt: »Weil Papa die ganze Woche lang für uns zur Arbeit geht. Weil Papa sich wenigstens am Sonntag mal ausruhen soll.«

»Du arbeitest doch auch die ganze Woche«, erwidere ich trotzig.

»Deshalb spülst ja sonntags auch du und nicht ich«, antwortet Mama. Sie sagt es nicht, aber es heißt: Keine Widerworte! Schluß jetzt! Normalerweise halte ich mich an das, was Mama oder Papa ohne Worte befehlen. Normalerweise gehe ich dem Ärger aus dem Weg.

»Ich gehe die ganze Woche lang zur Schule«, stelle ich fest, »nachmittags muß ich Hausaufgaben machen. Und wachsen muß ich nebenbei auch noch. Warum muß ich sonntags spülen? Warum machen wir das nicht alle zusammen? Dann würde es sowieso viel schneller gehen!«

»Weil Spülen Frauenarbeit ist«, brummt Papa und steht auf.

»Wenn ich so spülen würde, wie du Mamas Auto reparierst«, protestiere ich, »dann würdest du wollen, daß Spülen Männerarbeit ist. Überhaupt: andere Familien haben eine Spülmaschine. Warum haben wir keine?«

»Für einen Dreipersonenhaushalt braucht man keine Spülmaschine«, behauptet Papa.

»Und ob!« erwidere ich. »Das sagst du bloß, weil du nie in der Küche stehst und spülst!«

»Werde du erst mal erwachsen«, grantelt Papa, »dann lernst du, wie schwer es ist, die Flocken zu verdienen! Die Tierarztrechnung für deinen Flohkater muß ich auch noch bezahlen!«

»Bezahle ich von meinem Taschengeld«, sage ich.

»Haha!« antwortet Papa spöttisch: »Und von wem bekommst du dein Taschengeld?«

Ich stehe in der Küche, aber ich spüle nicht. Alle fettig-dreckigen Teller stelle ich zurück in Mamas frisch geputzten Küchenschrank. Messer und Gabeln, an denen Tomatenhaut und Käseklebe hängen, werfe ich in den Besteckkasten. Walzer juchhu! Ich schiebe das verkrustete Backblech in den Ofen.

»Höchste Zeit für den Besuch bei Tante Emmi«, rufe ich, weil ich keine Lust habe, die Spüle auf Hochglanz zu polieren. Und wenn ich sie mit einem Tischtuch zudecken würde, würde das selbst Papa auffallen.

Tante Emmi steht wie immer in einem schwarzen Kleid an der Tür. Sie läßt sich von Mama umarmen. Von Papa. Ich gebe ihr absichtlich die linke Hand.

»Das ist aber nicht das feine Händchen«, nörgelt Tante Emmi.

Ich zeige ihr meine Hände: »Sind beide gleich.«

Tante Emmi schüttelt den Kopf.

Natürlich gibt es Erdbeertorte zum Kaffee. Erdbeertorte, Erdbeertorte, Erdbeertorte! Kriegen die anderen denn nie genug davon? Schon wieder liegt ein Stück von dem Matschkuchen auf meinem Teller.

»Ich bin satt«, sage ich, »wir hatten heute eine prima Pizza aus der Tiefkühltruhe zum Mittagessen.«

»Pizza? Aus der Tiefkühltruhe? Am Sonntag?« Tante Emmi verzieht die Lippen zu einem spitzen Schnütchen. Mamas Hals läuft rot an.

»Mama hatte keine Zeit zum Kochen«, plaudere ich. »Wir haben nämlich Flöhe.« Ich kratze mir genüßlich den Bauch.

O jeh! Es scheint, als würde Tante Emmi der Erdbeerkuchen im Hals steckenbleiben. Sie spuckt und hustet. Papa springt auf und klopft auf Tante Emmis Rücken herum. Mamas Augen werden rot. Sie rennt ins Badezimmer. Trotz Tante Emmis Keuchen und Prusten kann ich hören, wie der Schlüssel in der Badezimmertür von innen herumgedreht wird.

Auf dem Tischtuch mit den langen Fransen liegt das, was Tante Emmi ausgespuckt hat.

»Das sieht aber nicht sehr appetitlich aus«, stelle ich fest.

»Mein liebes Fräulein«, zischt Papa, »dir werde ich die Flötentöne noch beibringen.«

Alle sind böse auf mich. Warum eigentlich? Lügen ist verboten. Die Wahrheit sagen etwa auch?

Als Mama die Bescherung in der Küche entdeckt, geht es erst richtig rund. Von Papa kriege ich eine Backpfeife.

»Stubenarrest!« brüllt er. »Kein Abendessen! Sofort verschwindest du in deinem Zimmer!«

So eine Gemeinheit! Vor Wut und Scham heule ich. Ich werfe mich auf mein Bett und ziehe die Knie ganz eng an meinen Bauch. Meine Hände sind Fäuste. Meine Fingernägel drücken sich in die Handflächen. Irgendwann schlafe ich ein.

In meinem Traum sitzt Papa auf einem Stapel schmutziger Teller. Er spielt Flöte. Und um seine Füße herum tanzen tausend Mäuse Tango. Mama versucht, die Mäuse mit dem Staubsauger wegzumachen, aber es sind zu viele. Sie schafft es nicht. Immer, wenn sie die Mäuse in Papas Nähe aufsaugen will, reicht das Stromkabel des Staubsaugers nicht. Der Stecker rutscht aus der Dose, und

Mama muß zurücklaufen, um ihn wieder hineinzuschieben. Um zur Steckdose zu kommen, muß Mama an einem großen Hund vorbei. Der knurrt und fletscht die Zähne. Vor diesem Hund hat Mama Angst. Ich gehe zu ihm und streichle ihn, damit Mama merkt, daß er ihr nichts tut. Der Hund wedelt jetzt mit dem Schwanz. Aber Mama traut sich nicht, an ihm vorbeizugehen. Sie ruft nach Papa, der auf einmal eine riesengroße Maus ist. Papa nimmt Mama in die Arme. Die beiden tanzen Tango. In meinem Traum fange ich an zu weinen.

Aber dann weiß ich, daß ich wach bin. Das Weinen ist echt, kommt aus der Küche und ist von Mama.

»Ich kann nicht mehr, und ich will nicht mehr.«

Papa redet auf sie ein. Ich verstehe nicht, was er sagt.

»Alles mache ich falsch«, sagt Mama so laut, wie sie sonst nie spricht.

In der Küche läuft der Wasserhahn. Geschirr klappert. Ob Mama jetzt den Abwasch macht?

Zerknirscht öffne ich die Küchentür. Mama sitzt am Küchentisch. Papa steht an der Spüle und rubbelt mit der Bürste an den Käse-Salami-Gabeln vom Mittagessen herum.

»Du machst das?« frage ich ungläubig.

»Ja, ich«, brummt Papa.

»Ich trockne ab.«

Papa dreht sich nach Mama um. Mama schnieft. Er wirft mir das Geschirrtuch zu.

Im Vorgarten maunzt sehr leise eine Katze.

Arabel und Mortimer
»Joan Aiken ist eine Meisterin des Slapstick.«
Jugend und Buch, Wien

In einer stürmischen Märznacht hat Mr. Jones den Raben Mortimer bewußtlos auf der Straße gefunden und mit nach Hause gebracht. Mrs. Jones ist über den neuen Hausbewohner gar nicht entzückt. Denn Mortimer hat nichts als Dummheiten im Kopf und bringt die Familie durch seine unmöglichen Angewohnheiten immer wieder in eine unangenehme Lage. Nur die kleine Arabel ist begeistert von ihrem neuen Freund...

Illustration: Quentin Blake

Band 80016

Band 80017

fi 6012 / 1 a

Illustration: Quentin Blake

Band 80018

Band 80036

Band 80038

Fischer Schatzinsel

Taschenbücher für Kinder

fi 6012 / 1 b